目　　次

序　章

観光人類学への招待

〈観光×文化人類学〉の成り立ちと現在

【基本概念】
文化人類学／観光人類学，観光／ツーリズム，近代観光，19世紀の観光革命，マスツーリズム，
観光のまなざし，ホスト／ゲスト

市野澤潤平

1　本書の目的：文化人類学と観光人類学

　本書は，観光人類学の教科書である。観光人類学は文化人類学の下位分野にあたる。単純にいえば，観光という対象を扱う文化人類学を，観光人類学と呼ぶ。観光人類学は同時に，観光学の下位分野でもある。〈観光学＝観光を対象とする学問全般〉のうち，経済学でも地理学でも社会学でもなく文化人類学のアプローチをとれば，それが観光人類学となる[1]。

　文化人類学は，異文化理解の学問である。典型的には日本人にとっての諸外国の文化，つまり自らとは異なる他者の考えや価値観や行動を，自分たちに理解可能な形で説明しようと試みるのが，文化人類学の基本的な営為だといってよい。ただし〈他者〉や〈異文化〉とは，外国人（の文化）にとどまるものではないことを，強調しておかねばならない。北海道民にとっての沖縄県民，女性にとっての男性，若者にとっての大人，猫派にとっての犬派など，自分とは違うと捉えた相手はすべからく他者であり，その人たちの文化は異文化なのだ。極論すれば，一歩引いたところから冷静に自己を観察する者にとっては，自分自身ですら他者でありうる。観光人類学は，われわれにとって身近でなじみ深い現象である観光を，〈あたりまえ〉ではないものとして対象化し，説明しようとする。われわれは実のところ，自分自身のことをよく知らないのと同じくらい，自らが行なっている観光について限られた知見しかもっていない。ゆえに，異文化に対するのと同じ態度で虚心坦懐に観光を見

1）ただし，観光人類学と観光社会学は興味関心が近く，観光社会学の論考から学べることは多い（遠藤，2017；遠藤ほか編，2019；須藤，2008；2012；須藤・遠藤，2018 など）。

直せば，今まで（目に入ってはいたのかもしれないが）見えていなかったたくさんのことが見えてくる。

　すんなりとは受け入れ難い他者の異文化を理解し説明するために，人類学者は二つの方法を組み合わせる。一つは，現地調査。他者たちがいる現場に赴き，彼らと親しく交わり，話を聞き，行為を観察し，自らもやってみる（市野澤ほか編, 2021）。もう一つは，考察。見て聞いて経験した体感的な了解を，言葉に置き換えて論理的に考察することで，理解を説明可能な形にし，みながその理解を共有できるようにする。ただしその考察には，徒手空拳で挑むのではない。人間は，各種の道具を各様に活用して，他の動物にはできない複雑な仕事をやってのける。考えるのも同じことだ。仮に「お米をテーマにレポートを書きなさい，何も参照せずに自分の頭だけを使って考えて！」と命じられたとして，ただちに論じられることは多くあるまい。ところが，品種群（ジャポニカ系／インディカ系），銘柄（コシヒカリ／あきたこまち etc.），栽培法（水稲／陸稲），糯粳性（うるち米／もち米），用途（飯用／酒造用／観賞用）……といった諸概念を手掛かりにすれば，それこそ書籍何冊分もの考察を連ねることも可能だ。概念とは，ごく簡単にいうと，人の認識や思考内容に付与された呼称である。世にある無数の植物から，おいしい白粒を実らせる草を他と区別して認識し，それを「稲」と呼ぶ。モノ以外の，目にみえずふれることもできない〈考え〉それ自体にも，名づけはなされる。すなわち抽象概念だ。「幸福」やら「因数分解」やら「観光人類学」やらの抽象概念は，人類が長年かけて精緻化してきた，思考を広げ深める道具である。

　かつて欧米や日本の人類学者は，好んでアジアやアフリカの人口寡少地域に足を延ばして，自分にとってのいかにもな他者である〈未開〉の人びとを理解するべく現地調査にいそしんだ（第6章）。しかし1970年代にもなると，ジャンボジェット機に満載された観光者の群れが，ヨーロッパやアメリカや日本から世界のすみずみにまで押し寄せる。未開を求めて赴いた現場で人類学者は，自分と同じく先進国からやってきた観光者を発見することになったのだ。人類学者からすれば観光者は，調査対象たる社会の純粋な未開性を毀損する闖入者であり，調査の邪魔者にすぎなかった。しかし，現にそこにいる観光者を無視しては，観光ビジネスにわく現地の社会や経済を見誤ることになる。

　人類学者は研究目的で長期滞在し，四苦八苦して現地語を習得し，信頼関係を醸成して現地社会に溶け込もうとする。対して遊びで束の間やってきては傍若無人にふるまう（ように見える）観光者たちは，人類学者の目には現地の住民以上に自ら

と相容れない存在に映った。人類学者が観光者を調査フィールドにおける第二の他者と捉えたときに，観光人類学は始まったのである。そのように観光者を調査と考察の対象に取り込んでからほどなくして，人類学者たちは，観光についての認識を改めることになった。観光は，社会や文化にとっての付随的な事柄でも攪乱要因でもなく，今日の世界を構成する必要不可欠な一部分である。ゆえに，観光現象への理解なくしては，（われわれのであれ他者のであれ）社会・文化・経済の実態把握はおぼつかない。

　人類学者が観光現象と本格的に向き合いはじめて，半世紀あまりが過ぎた。そのなかで先人たちが創案し研ぎ澄ませてきた，観光人類学の基本概念——平たくいえば考え方のエッセンスをみなさんに提供するのが，本書の目的である。現地調査の方法については，恐縮だが別の本にあたってほしい（市野澤ほか編, 2021）。

　本書の各章の主題は，観光人類学的な思考を駆動するための基本的かつ必要不可欠の概念だ。少なくともこれらについては，自家薬籠中の物としてもらいたい。加えて章ごとに，考えをさらに広げ深めるための，増補的な概念がリストアップされている。観光人類学でよく使用される概念は，複数の章にまたがって登場する。中にはなじみ深い言葉もあるだろうが，本書を読む前のみなさんは，それを観光人類学的に考えるための道具としては理解していないはずだ。

　みなさんに本書から何を学んでもらいたいか。大学の授業シラバス風に書けば，こうなる。

①観光人類学における基本概念を理解する。
②それらの基本概念を，観光人類学の知識がない人に，わかりやすく説明できるようになる。
③日々のニュースなどで見聞きした，または自分自身が観光旅行において経験したさまざまな事柄について，それらの基本概念を援用しながら，観光人類学の文脈にひきつけて解釈できるようになる。

　本書がみなさんを導くのは，ここまでである。しかしわれわれは本書を読んだみなさんに，④**諸事象への観光人類学的な理解の土台に立って，自分なりのオリジナルな問いを見出せるようになる**ことを，期待したい。地域を訪れる観光者を増やしたい，観光業発展の阻害要因を取り除きたい，観光者と地域住民の間の軋轢を軽減したいといった観光学の初学者がいだきがちな問題意識は，そもそもの出発点とな

るかもしれないが，そこにとどまっていては何も進まない（貧乏はつらいのでお金を儲けたいと考えたところで，お金が降ってくるわけもない）。誰もが安易に思いつくような漠然とした問題設定には，生産性も可能性もとぼしい。そこから脱却した独自の具体的な問いを立てて初めて，それらの課題解決への一歩を踏み出すことになるのだ。われわれ凡人が，凡百な思考の枠を打ち破るために役立つ道具——観光人類学の基本概念が，本書には取り揃えてある。

2 観光人類学の対象①：観光／ツーリズム

　観光人類学が考察の対象とする観光とは，そもそも何か。小学館国語大辞典で観光を引くと，「他国，他郷の景色，風物を見物すること」とある（主な和英辞典には sightseeing が観光の第一の訳語として出てくるが，ほぼ同様の意味だ）。日本語における観光の語源は，漢籍の古典『易経』にある「国の光を観る」との表現だとされる。この語源に忠実な国語辞典の説明に比べると，われわれが日常に使う〈観光〉の語感にはもう少し広がりがある。観光に行くときには，単に土地の名物を観賞するのみではなく，おいしいものを食べる，買い物をする，現地の人とふれあう，温泉に入るなど，てんでに好きな行動をとる。そうした複合的な意味での楽しみを目的にした旅行が，われわれが普段いうところの観光だと簡潔に捉えて，大筋で間違いはないはずだ。

　確認しておきたいのは，楽しみと旅行が合わさって初めて観光になるということだ。家でマンガを読むのは楽しい活動だが，観光とはいわない。会議の予定が詰まった日帰り出張も，観光ではない。自分が普段住む〈ホーム〉から離れた場所に行き，〈アウェイ〉における非日常の感覚に包まれながら楽しい活動をするのが，観光である（第1章）。この日常／非日常の感覚は相対的なもので，海外に行っても何年も滞在すればそこでの生活は日常だろうし，隣町であっても初めて訪れてワクワクするなら非日常だ。

　ただし観光（人類）学の初めの一歩として，学術用語としての〈観光〉には，上記の日本語における日常的な語義を超えた幅広い意味があることを，頭に入れる必要がある。観光学は英語の tourism studies の，観光人類学は anthropology of tourism の，それぞれ日本語訳である。どちらも，もともとは欧米で発展した学問が，日本に輸入されたものだ。だから観光（人類）学でいう観光とは，英語のツーリズム（第2章で詳述）なのだと心得てほしい。同様に観光者（観光客）はツーリ

図 0-1　〈観光〉の語義の拡がり

ストである。ツーリズムとは日本語でいう観光に重心をおきつつも，留学や業務出張など楽しみ以外の目的による旅行をも含む，短期旅行全般を指す概念である（図0-1）。この短期というのがどの程度かの明確な取り決めはないが，国連観光機関（World Tourism Organization）が定義する「1年未満」が，一応の目安になるだろう。そもそも人が旅行に行く目的は，楽しみなのかそれ以外か，厳密に峻別できるわけではない。出張で京都に行けば，仕事の合間に景観や食事を楽しむだろうし，前泊や後泊をつけて有給休暇を満喫するかもしれない。短期の語学留学に赴く学生に，その目的は語学習得か楽しみかと問えば，100%前者であると言い切れる者は多くないはずだ。旅行というものの実際を考えれば，ツーリズムの語義を楽しみのための旅行に限定しないのは，観光研究における必然なのだといえよう。

　われわれは観光と聞けば遊びと捉えがちだが（それは正しいのだが），観光とは実のところきわめて多面的な現象だ。ゆえに観光を学問的に研究する上では，無数の切り口から無限の可能性を見出すことができる。山下晋司（2007：4）は，観光人類学の研究視角をおおまかに次の三つに色分けする。**①観光の政治経済的側面：観光政策，観光開発，観光産業，さらに観光客と観光客を受け入れる社会の権力関係の分析など。②観光の文化・社会的な側面：特に観光が当該社会に与えるさまざまな影響。③人はなぜ旅行し，旅行の経験は何をもたらすのかという旅行者や旅行の意味に関する研究。**——この山下による整理はこれまでの観光人類学の広がりをよくカバーし，人類学的なアプローチが得意とするところを示している。ただし後述する通り近年の観光人類学者たちは，既存の研究領域に安住するのをよしとせず，議論の新たなフロンティアを模索している。

3　観光人類学の対象②：近代（以降）の観光

　観光（人類）学における観光概念には，もう一つ重要な含意がある。それは〈観光＝近代（以降）の観光〉だということだ。人類は元来，旅をする生き物であった。数百万年前にアフリカで誕生した人類の一部が，やがて母なる大地から旅立ち，長い時間をかけて世界中に生活の場を広げて現在に至る。われわれの祖先がなぜアフリカを後にしたのか，その理由は定かでない。食料を求めたり危険から逃れたりといった必要に迫られたのかもしれない。しかし，羅針盤もエンジンもないちっぽけな船に乗って大海原を渡り，太平洋の島々にまで到達した人類の移動の足跡を見れば，純粋に未知なる場所を求めて，好奇心に突き動かされて旅立ったのではないかとも，考えたくなる。空想はさておいて本題にもどると，楽しむための旅行や，何か他の目的のためだが楽しみも付随している旅行は，有史以前から盛んに行われていた。しかるに観光社会学の泰斗の J. アーリは「観光者である，ということは「近代」を身にまとう，という特質の一環である」（アーリ & ラースン，2014：8）と述べる。観光人類学もこのアーリの見解と同じく，近代以降の〈観光〉を，近代以前の〈観光的なもの〉とは異質だとみなす。どういうことか。

　物品の製造は，古代から連綿と続く生業である。しかし 18 世紀イギリスに端を発した産業革命によって，近代的な製造業の様相は，以前とは隔絶したものとなった。細分化された分業，機械による作業代替，蒸気機関（後には内燃機関と電気）という新たな動力源の導入などによって，複雑で高品質で均一な製品を圧倒的に数多く作れるようになったのだ。この産業革命が，やがては製造業だけでなく観光のあり方をも一変させた——いわば 19 世紀の観光革命だ。外国へ行くような長距離の観光旅行は，かつては一部の上流階級に限られた活動だった（江戸時代の伊勢参り[2] のように，庶民にとっては生涯に幾度もない機会であった）。公共交通機関の発達，現金収入の増大，休日の整備といった社会経済的な諸条件の変化を経てようやく，長距離の旅行を誰もが気軽に楽しめる時代が到来した。史上類をみない，大衆（the masses）による大量（mass）の観光，すなわちマスツーリズム（mass tourism 第 12 章）が，産声を上げたのである。観光人類学の議論は，マスツーリズムが広範に

2）「伊勢参り大神宮へもちょっと寄り」なる川柳からも推し量れるように，当時の伊勢参りは宗教上の巡礼であると同時に，楽しみの旅でもあった。むしろ人びとは，伊勢参りを口実に観光へと出かけていたのかもしれない。1802 年（享和 2 年）に出版された十返舎一九の『東海道中膝栗毛』は，そうした当時の庶民の姿を活写して，大当たりをとった。

浸透した社会を前提としている。

　往時には庶民の大多数が農村に居住し，その生活においては労働と余暇の区別が不分明であった。自分のペースで農作業をして疲れたら適当に休む。その一方で，家に帰っても仕事から解放されることはなく，生活を維持するための雑用に追われていた。産業革命によって，人びとが農村から出て都市の工場で働くようになると，そうした生活リズムは一変する。工場では，決められたスケジュールに沿って働くことを強いられる。仕事の量や内容も，自分の裁量で融通することはできず，上からの命令に従うのみだ。早朝の始業から夜の終業まで，劣悪な環境下で休む間もない重労働。その代わり，家に帰れば仕事から解放されるし，休日には自由となる。余暇の誕生である。では彼らは，新たに得た余暇をどう過ごしたか。きびしい労働のストレス発散もあってか，当時のイギリスでは飲酒が社会問題となっていた。水代わりのビールはもちろん，アルコール度数の高い蒸留酒のジンが大流行し，飲酒依存症に陥る者が後を絶たなかったらしい。飲んだくれるのではない，何か有意義な余暇の過ごし方はないのかという社会的要請への答えの一つが，観光であった。

　1830年，綿織物業が栄えるマンチェスターとリバプール港の間に世界初の実用線が敷かれたのを皮切りに，鉄道網がイギリス全土に整備されていく。工業都市と港湾を結ぶ鉄道建設の当初目的は原材料と工業製品の輸送であったが，それが人間を乗せるようになるのに時間はかからなかった。鉄道という人員の大量輸送手段が成立したことで，都市部の住民たちが高速かつ安価に，長距離旅行を楽しめるようになった。当時の牧師であり社会運動家でもあったトーマス・クックは，飲酒に代わる余暇充足手段である観光旅行を振興するために，鉄道切符や宿泊の手配を代行するサービスを開始する（第9章）。旅行代理店の誕生であり，観光の産業化の始まりである（tour ＝旅の時代から tourism ＝観光の時代への移行であるともいえる）。旅行代理店は，面倒な予約業務を肩代わりし旅のリスクから旅客を保護する（第11章）だけでなく，切符や宿泊を一括大量購入することで仕入れ値を下げて，安価なパッケージツアーを広く社会に供給する役割を担っていった。

　鉄道利用の普及は，人びとを観光旅行に誘うだけでなく，そのあり方をも一変させた（シヴェルブシュ，2011）。かつての徒歩旅行における移動は，疲労に耐えながら両足で地面を踏みしめ，土地の風を嗅ぎ，暑さ寒さを凌ぐといった具合に，全身で体験するものだった。しかし鉄道（やがてはバスや飛行機）旅行にあっては，ただ椅子に座っているだけで，安楽に長距離を移動できる。そして車窓から外を眺めれば，のどかな景色が飛ぶように流れていく。静止した自身の視界の中で景色が急速に動

くこの視覚体験は，至極新鮮で魅力的なものだった（後の映画やテレビや Youtube の原初形態である）。そして 1851 年，ロンドンで記念すべき第一回万国博覧会が開催される。大英帝国が，その威信をかけて世界中から選りすぐりの文物逸品を集めて，巨大な会場に展示したのが，万国博覧会である（吉見，2010）。人びとは，日がな一日，それらを見て回って楽しんだ。万博会場では，貴重な展示品を触ったり食べたりすることはない。ただ見るだけ――それを第一級の娯楽にしたという意味で，ロンドン万博は観光のさまがわりを象徴する出来事であった。この見ることを中心とする観光のあり方，換言すれば観光における視覚の優越は，目の代わりにカメラを使用することも含めて，今日に至る近代マスツーリズムの特徴である（ただし第 3 章，第 7 章，第 8 章などで見るように，近年の観光人類学では視覚以外の感覚や経験の重要性を再評価している）。近代的な百貨店が誕生し（鹿島，1991），街中にショーウィンドウがお目見えした 19 世紀初頭に花開いたウィンドウ・ショッピング（買わずに見るだけの楽しみ）が現在まですたれていないことなどにも，近現代の娯楽における視覚の特権性がうかがえる（cf. フリードバーグ，2008）。

　こうして新時代のマスツーリズムは形作られていったが，その態様が観光革命以前と一線を画する要因としては，〈観光のまなざし〉の誕生が特段の重きをなす（各章で頻出）。J. アーリは主著の『観光のまなざし』[3]（アーリ & ラースン，2014）において，ロンドンからほど近い（といっても直線距離で東京～小田原ほどあるが）ドーバー海峡沿いの海浜リゾート地，ブライトンの歴史を紐解く。かつてのイギリスでは海水浴という娯楽は一般的でなく，したがって海水浴場もなかった。ブライトンは漁師が獲れた魚を引き上げるだけの，何の変哲もない浜辺だった。それが 19 世紀半ば，ロンドンから伸びた鉄道が馬車便にとってかわる頃には，ブライトンのビーチは海水浴客で大にぎわいとなり，洒落た別荘やホテルが立ち並ぶようになった。ここに至って，人びとはブライトンを単なる浜辺ではなく〈ビーチリゾート〉とみなすようになる。そのように，ある場所や地域を（特定の性格をもった）観光地・対象として捉える，同時代の人びとに共有される〈ものの見方〉が，観光のまなざしである。何かを描出する写真や映像イメージが，特定の意味づけをされて広く流布されることで，その何かについての観光のまなざしは形成される（第 3 章）。元々特別な価値がその何かにあるとは限らない。むしろ観光のまなざしが向けられ

3）元の英語は tourist gaze なので，厳密には「観光者のまなざし」のほうが原義に近いが，本書では邦訳として定着している「観光のまなざし」で表記を統一する。

ることで，その何かに観光対象としての特別な価値が付与されるのだ。たとえば工場なら産業ツーリズム，ダムならインフラツーリズム（cf. コラム②），貧困ならスラムツーリズム，災害被災地ならダークツーリズム（市野澤, 2016 etc.）といった調子で，観光のまなざしはあらゆるものを観光対象に転化する。近代観光の発展とは，このように世界中のさまざまな土地や事物を観光のまなざしが把捉してきた過程でもあった。観光ビジネスは，意図してそのような情報をマスメディアに流通させ，新たな観光商品を売りに出す。近年では，SNS などを通じて一般人も情報発信を始めた。その絶え間ない蓄積が原動力となって，森羅万象をくまなく塗りつぶすかのような世界の〈観光化〉が徹底されていく（須藤, 2008）。

　写真イメージは無数の観光のまなざしを編成する一方で，人びとが自分自身を観光者とみなすまなざしの構築にも寄与した。かつて人間が自身の姿を見る視覚手段は，鏡に限られていた（肖像画もあるにはあったが，ごく一部の人間だけのものだった）。写真の登場によって初めて，客観的な他者の視線に映る自身の姿を目にすることが可能となった（写真に写った自分の姿が，鏡で見るそれとはずいぶん異なるのは，みなさんも実感しているだろう）（cf. バルト, 1997）。19 世紀末から 20 世紀にかけてカメラが一般に普及すると，人びとは旅行先で自身の姿を撮影する（デジカメ自撮りの流行以前は，撮影してもらう）ことに興じるようになる。自宅に帰ってフィルムを現像すれば，そこには観光地を満喫する自分が，雑誌の誌面やテレビ画面と同じ仕方で写っている。鏡は今ここにいる自分しか映せないが，写真は地理的にも時間的にも遠いところにいる自身の存在を記録する。距離をとった第三者の視点から自身を繰り返し眺めるうちに，観光者としての自らの描像を，人びとは心に焼きつけていったのである。

４　本書の射程：〈観光人類学 3.0〉に向けて

　近現代に特有の現象として隆盛したマスツーリズムだが，文化人類学における正統な学術調査の対象とされるには，1970 年代を待たねばならなかった。観光を遊びにすぎないと軽んじたり，各民族に固有な社会・文化の破壊を導くと敵視したりする，ある種の偏見がはびこっていたからだ。そのような認識を人類学者が改めるに至った経緯は本章の冒頭で概説した。人類学者が渡航先に求めた現地住民という第一の他者に加えて，調査地において視界から消し去ることのできない第二の他者，つまり観光者に否応なく向き合わざるを得なくなったときに，観光人類学が誕生し

たのだった。

　1977 年に初版が上梓された『ホスト・アンド・ゲスト』（スミス編, 2018）からは，必ずしも本意ではなく，いわば調査先の現実に突き押される形で観光現象への対峙を始めた人類学者たちの様子が，見て取れる。観光人類学の嚆矢とされる同書の功績は，観光現象をホストとゲストの相互作用（第 2, 9, 10 章ほか）として捉えたことだ。ホストとは，観光者を受け入れる現地住民。ゲストとは，現地を訪れる観光者。当たり前だが，観光という活動は，観光者のみでは成り立たない。観光者がどこかに赴けば，そこには（たいていは営利活動で）彼らを受け入れて世話するホストがいる。アマゾンの奥地や北極圏のような人里離れた自然環境を訪れる観光であっても，目的地まで観光者を運ぶ業者が介在する。むしろ人跡寡少な場であるほど，観光ガイドのような旅の補助者の必要性は増すだろう。観光を余暇活動とのみ捉える人びとが見落としていた，ホストたちの存在に光を当てたことが，文化・社会・経済を包括的に考察する観光人類学の視座を生み出したのだ。書名のとおり，フィールドワークの現場で観察されたホストとゲストの関わりや，結果的にその関わりが現地に与えた影響を，『ホスト・アンド・ゲスト』は詳細に描写分析した。

　ホスト／ゲストのような二項対立的な思考は，観光を考察する足がかりとして，おおいに有効だった。労働／余暇，ホーム／アウェイ，自己／他者，定住／移動，日常／非日常，俗／聖といった対立的な概念セット（第 1 章）を活用することで，〈観光〉は学術的な概念として彫琢されていった。余暇としてアウェイに出かけ非日常性をあじわう。その時間の特別さは，祭りや巡礼のなどの聖なる時間に比して考えることができる――こうした構図を援用しながら，観光を（異）文化間接触の影響による（特にホスト側における）文化変容として捉える，観光人類学の基本的な枠組みが形成されていった。具体的には，地域住民が自らの文化を観光資源として意識する「文化の客体化」（第 5 章；コラム⑤；太田, 1998），観光者向けの商品として演出される「観光文化」（第 4 章；橋本, 1999），そのような文化変容は「文化の（消滅ではなく）生成・創造」なのだ（山下, 1999；山下編, 2007），といった諸概念が編み出されたのである。

　しかしながら，観光現象への緻密な分析が積み重なるにつれて，上記のような二元論的な図式に対しては，単純にすぎるという批判が出てくる。今日の観光は複雑化・多様化が進み，たとえば観光とはホームからアウェイへの一時的な移動である，といった素朴な定式化を拒む事例が増えている（カナダやオーストラリアを一年以内で訪れる「ワーキングホリデー」は，定住なのか移動なのか，仕事なのか余暇なの

か？）（第1章）。ホスト／ゲスト関係も単純ではない。従来ホストと一括りにされてきた人たちは，観光で損をする人／得をする人，観光開発に反対する人／賛成する人，他者として見物される地域住民，接客サービス（第9章）従事者，観光を演出する事業者など，よくみれば至って多岐にわたる。観光で南の島にやってきた若者がそこに住み着きダイビング・ショップを開業するといった具合に，ゲストがホストに（またホストがゲストに）転化することもある（第2章）。現実はなかなかに複雑で流動的なのだ。このように，初期の観光人類学が提示した二項対立の枠組みが，揺れ動いたり無化されたりしている現実に目を向けたのが，観光人類学の次なるステージであったといえる。おおよそ2000年代に入ってからの話である。観光＝越境という認識を相対化して「ボーダーレス」な観光のあり方に着目する山下晋司の『観光人類学の挑戦』(2009) や，観光において価値をもつ本物／もたない偽物という思考（第4章）を超克しようとする橋本和也の『観光経験の人類学』(2011) などを読めば，ヴァージョン・アップした〈観光人類学 2.0〉のあらましをつかめる。本書の内容は，このあたりまでの観光人類学の成果を概観して，〈観光人類学 3.0〉とでもいうべき新たな展開を示唆するものである。

　来るべき観光人類学 3.0 は，観光を定義してきた二項対立の無化や相対化を論じるのではなく，それを事実的与件とした上で，さらなる議論の地平を開拓したり，既存の概念の意味を刷新したり，新たな概念を構築したりする試みとなろう。受け入れてもてなす人たちがホスト，もてなされる人たちがゲスト。ただしその関係は固定的ではないし，ホスト／ゲストといってもその中身はいろいろだから，多様なアクターの錯綜した関係を解きほぐしていく必要がある――というのがこれまでの観光人類学の視座だった。そこから歩みを進めて，ホストは受け入れてもてなす側という前提を疑ったり（第10章），人間以外の存在を含めてホスト／ゲストの枠組みを見直したり（橋本, 2018），ホスト／ゲストに代わる概念枠組みを模索したりするのが 3.0 のステージだ。2020年から猛威をふるった新型コロナウイルス感染症（COVID-19）は，観光地の観光関連事業者が，利益の源泉である観光客をリスク（第11章）要因として恐れ排斥するという（cf. 第10章），転倒した状況すら招いた。このようにわれわれの想像を超えて矢継ぎ早に変転する現実に対応するためにも，ホスト／ゲストに限らず観光人類学の諸概念すべてを，鍛え直していかねばならない。ポストコロナ時代における観光を見据えて，観光人類学は再びヴァージョン・アップする。その新展開をぞんぶんに楽しむためにも，本書が紹介する基本概念をしっかりと会得してほしい。

【引用・参考文献】

アーリ, J., & ラーソン, J.／加太宏邦［訳］(2014).『観光のまなざし〈増補改訂版〉』法政大学出版局（Urry, J., & Larsen, J. (2011). *The tourist gaze 3.0.* London: Sage.)

市野澤潤平 (2016).「楽しみのダークネス——災害記念施設の事例から考察するダークツーリズムの魅力と観光経験」『立命館大学人文科学研究所紀要』*110*: 23–60.

市野澤潤平・碇　陽子・東賢太朗［編］(2021).『観光人類学のフィールドワーク——ツーリズム現場の質的調査入門』ミネルヴァ書房

遠藤英樹 (2017).『ツーリズム・モビリティーズ——観光と移動の社会理論』ミネルヴァ書房

遠藤英樹・橋本和也・神田孝治［編］(2019).『現代観光学——ツーリズムから「いま」がみえる』新曜社

太田好信 (1998).『トランスポジションの思想——文化人類学の再想像』世界思想社

鹿島　茂 (1991).『デパートを発明した夫婦』講談社

シヴェルブシュ, W.／加藤二郎［訳］(2011).『鉄道旅行の歴史——19世紀における空間と時間の工業化〈新装版〉』　法政大学出版局（Schivelbusch, W. (1977). *Geschichte der Eisenbahnreise: zur Industrialisierung von Raum und Zeit im 19. Jahrhundert.* Munich: Hanser Verlag.)

須藤　廣 (2008).『観光化する社会——観光社会学の理論と応用』ナカニシヤ出版

須藤　廣 (2012).『ツーリズムとポストモダン社会——後期近代における観光の両義性』明石書店

須藤　廣・遠藤英樹 (2018).『観光社会学 2.0——拡がりゆくツーリズム研究』福村出版

スミス, V. L.［編］／市野澤潤平・東賢太朗・橋本和也［監訳］(2018).『ホスト・アンド・ゲスト——観光人類学とはなにか』ミネルヴァ書房（Smith, V. (ed.) (1989). *Hosts and guests: The anthropology of tourism* (2nd edition). Philadelphia, PA: University of Pennsylvania Press.)

橋本和也 (1999).『観光人類学の戦略——文化の売り方・売られ方』世界思想社

橋本和也 (2011).『観光経験の人類学——みやげものとガイドの「ものがたり」をめぐって』世界思想社

橋本和也 (2018).『地域文化観光論——新たな観光学への展望』ナカニシヤ出版

バルト, R.／花輪　光［訳］(1997).『明るい部屋——写真についての覚書〈新装版〉』みすず書房（Barthes, R. (1980). *La chambre claire: Note sur la photographie.* Paris: Gallimard.)

フリードバーグ, A.／井原慶一郎・宗　洋・小林朋子［訳］(2008).『ウィンドウ・ショッピング——映画とポストモダン』松柏社（Friedberg, A. (1993). *Window shopping: Cinema and the postmodern.* Berkeley, CA: University of California Press.)

山下晋司 (1999).『バリ 観光人類学のレッスン』東京大学出版会

山下晋司［編］(2007).『観光文化学』新曜社

山下晋司 (2009).『観光人類学の挑戦——「新しい地球」の生き方』講談社

吉見俊哉 (2010).『博覧会の政治学——まなざしの近代』講談社

第1章

観光を形作る二項対立およびその無化

ライフスタイル移住にみる新たな観光のあり方

【基本概念】
観光を形作る二項対立（労働／余暇，日常／非日常，ホーム／アウェイ，定住／移動，ホスト／ゲストなど）およびその無化，通過儀礼，ライフスタイル移住，異化

小野真由美

1 はじめに

　マスツーリズムの拡大により，観光の主流となったのは「安近短」の旅行であり，国内のみならず，近場に短期間でかける安価な海外旅行が，余暇活動として広く普及した。多くの人びとにとって海外旅行が身近なレジャーとなった今日，海外旅行を繰り返すうちに，数日間の旅行ではあきたりず，より長期的に滞在したい，さらには外国で暮らしてみたいという希望をもつようになったという人は少なくないだろう。海外旅行の土産には，観光客向けの名産品よりも，スーパーで買える日用品や食材など，現地の「日常」を感じ，再現するものが好まれる。

　10代〜20代の若者の場合，外国暮らしを実現させる手段として，たとえば，大学在学中の海外留学や語学研修はますます人気だ。語学を学びたいから留学するのか，あるいは外国で暮らしてみたいから留学するのか，どちらともいいがたい。またそのような漠然とした気持ちを後押しする「グローバル人材」という言葉は，就職活動を控えた大学生にとって海外経験をさらに魅力あるものにみせ，その先に自分のやりたいこと（＝本当の自分）をみつける，つまり，自分探しのゴールに到達するという展望を抱かせる。旅行にはじまり，海外滞在は実に「自己実現」というモチーフと親和性が高い。

　海外に長期滞在したい，暮らしてみたいという希望をもち，それを実現するのは，若い単身の人びとに限られるわけではない。子どもや家族のいる人や中高年の人びと，定年退職後の高齢者も，自分が若い頃にはできなかったが，海外に長期滞在したい，現地で異文化にふれ国際交流活動をしてみたいと望むことがある。それを叶える手段の一つとなるのが，暮らすように旅し，旅するように暮らす「海外ロング

ステイ」と呼ばれる余暇のスタイルである。

　本章では，観光人類学が説明する観光の基本構造を概観し，近年増加している新しい観光形態として「ライフスタイル移住」を取り上げる。従来の観光概念で捉えられないライフスタイル移住の一例として，長期滞在や移住のように観光旅行と呼ぶには期間が長い滞在型の余暇（ロングステイツーリズム）に人びとが求める経験がいかなるものであるのかを検討し，観光を形作る二項対立およびその無化，異化の視点から観光を再考してみたい。

2 観光の基本構造

　観光人類学という一分野を切り開いた人類学者であるヴァレン・スミスは，『ホスト・アンド・ゲスト——観光人類学とはなにか』において，旅行者（ツーリスト）を「変化を経験する目的で，家から離れた場所を自らの意思によって訪問する，一時的に余暇にある者」と定義している（スミス編, 2018：1）。この定義によれば，旅行者とは，自宅（ホーム）における日常生活を離れ，非日常の空間と時間を経験できる場所まで自発的に移動し，余暇のひとときを過ごす人である。ここからは，日常を離れた場所において，一時的な変化を経験するための余暇の時間は，再び日常生活における労働の時間にもどっていくという時間の流れの一局面であることがわかる。つまり，労働の時間に対比される余暇の時間という構造が，観光を成り立たせているのである。

　観光を理解する際に時間の構造に着目することは，人類学のものの見方を反映している。宗教活動であるが観光的な側面ももっていたとされる巡礼に，非日常的で「聖」なる活動としての儀礼的な役割を見出したのは，ヴィクター・ターナー（1981）である。通過儀礼（コラム①）の三段階構造にあてはめると，巡礼には，それまでの社会的身分から離脱する「分離」，次の身分への移行期間としての「境界」，新しい身分への「再統合」という三つのフェーズが見出される[1]。巡礼の旅は，「境界」すなわち「リミナリティ」と呼ばれる移行期間にあたり，聖なる時間の経験となる。

　巡礼という宗教的な実践に限らず，観光には「聖なる時間」の経験としての側面がある。ネルソン・グレイバーン（2018）は，観光活動を労働する日常から人びとを一新する再創造（re-creation）と捉えている。グレイバーンはまた，エドマンド・リーチ（1985）が述べた，聖（＝非日常）と俗（＝日常）の定期的な切り替えが社会生活における重要な区切りとなること，さらには時間そのものの経過の尺度となるという

点（コラム①）を踏まえ，そうした聖俗の切り替えや時間的区切りの機能が観光にも見出せることを指摘した。ホームでの定住と労働を前提とした日常生活を「俗」，アウェイでの非日常的な旅の時間を「聖」として対比させると，「聖なる旅」は日常生活を区切り，一新させる再創造活動の時間になるのだ（グレイバーン，2018：29-33）。

スミスはまた，観光が成立するための要素として，自由裁量所得と社会における肯定的承認を挙げている（第2章；スミス編，2018：1）。観光には，旅費や宿泊費，食事や土産物を買う資金が必要であることは言うまでもない。労働を軸に捉えると，労働の時間が生み出す自由に使えるお金（自由裁量所得）を使い，余暇の時間に観光旅行に出かけ，帰ってきたときその経験が周りの人びとから高評価を得ることは，再び労働する日常生活を維持することにつながる。労働者にとって「頑張った自分へのご褒美」としてささやかな贅沢をするのが旅行の醍醐味になるように，学業とアルバイトで日々忙しい大学生にとって長期休暇中の海外旅行の計画が学生生活の励みになることも，その一例といえよう。そもそも，旅に出ることを肯定する社会文化的状況でなければ自由に旅行することはできないのであり，たとえばイスラム圏の一部の国では，女性が一人旅に出ることは社会文化的に是認される行為とはいえない。その意味で，観光旅行は社会や文化のありようを写す鏡でもあるのだ。

このように，観光人類学の初期の論者たちは，定住に基づく労働の時間を日常と定位し，日常から離れた場所を一時的に訪れる再創造活動（レクリエーション）を観光と定義した。つまり，旅や観光はつねに日常の外部に設定された，非日常の営みとして捉えられてきた。非日常の経験としての観光をめぐって，メディアを介したイメージの追体験と捉える「疑似イベント」と論じたダニエル・ブーアスティン（1964）に対し，ディーン・マキャーネル（2012）は文化の「本物らしさ（＝真正性）」の追求としての観光経験が旅行者に与える意味や影響の質的側面を読み取ろうとした（第3〜4章）。さらに，観光経験の浅深を段階的に論じたエリック・コーエ

---

1) 旅行者が「分離」「境界」を経て手に入れる「新しい身分」とは，たとえば，イスラム教徒がメッカ巡礼という境界時間を経て「一人前のムスリム」というより高い地位へと移行し，新しい社会的ステータスを得ることが挙げられる。伝統社会において，通過儀礼はライフステージの移行の節目となる慣習であったが，現在でも観光の領域において，境界時間は新しい身分を得る経験となる。たとえば，「お伊勢参り」は現在でも伊勢神宮への参拝を含む宗教的な巡礼であるが，若い世代の人びとには「パワースポット」や「縁結び」の地として知られ，旅行することによって恋愛や結婚の運を高めたり，恋人から夫婦へと移行し，新しい身分を得ることにつながるという目的意識を伴う観光地となっている。

ン（1998）は，生活空間の境界を越えた「楽しみのための旅行」（travel for pleasure）
は，生活空間では得られない経験が旅に価値を与えるという前提のもと，旅行者の
観光経験が存在論に関わるような意味をもちうることを指摘した（第7章）。

　近代社会において，旅行者は労働を所与とする定住者であることは自明とされた。
その上で，日常生活を維持させるための時間，さらには労働する日常生活に意味を
与えるための行為として観光の意味を読み取ることは，労働と日常を常に余暇の上
位に位置づけ，より価値のある行為と固定的に捉える見方である。しかし，観光は，
労働する日常を維持するための装置であるとは限らない。むしろ，観光時間がもっ
とも価値ある時間となり，日常生活は観光時間を作り出すためにある時間という価
値の逆転を，観光と移住の重複領域に見出すことができる。

3 ライフスタイル移住：旅するように暮らし，暮らすように旅すること

　儀礼の時間の構造との類似から観光経験を理解する観光人類学の基礎的な考え方
は，上述のとおり，労働を中心とした日常生活（労働，普通，ホーム，定住）と余
暇活動を中心とした非日常（余暇，特別，アウェイ，移動）の時間を対比させ，二
項対立的に捉える。しかし，ここで注目したいのは，観光を理解する際に前提とさ
れてきた旅と日常の対比の構造ではなく，むしろその境界線のゆらぎと二項対立の
無化に着目する「ライフスタイル移住」（lifestyle migration）と呼ばれる新たな移
動の様式に関する議論である。

　カレン・オライリーとミケーラ・ベンソンは，ヨーロッパにおける高齢者の国
際退職移住（international retirement migration）に関する研究をもとに，生活の
質的変化を求めた移住を「ライフスタイル移住」と論じた。従来，移民は主に経済
的な要因によって生じると考えられてきたが[2]，ライフスタイル移住は「全ての年
齢の比較的裕福な個人が，生活の質を向上させる場所へ一時的あるいは恒常的に空
間的に移動すること」と定義される（O'Reilly & Benson, 2009：2）。また，定住と
同義的な意味としての「移住」に限らず，旅先で現地の暮らしや文化を体験する長
期滞在型の余暇活動や，旅先での滞在が生活の一部となるライフスタイルを意味す
る。ツーリストの出身国，滞在先となる国や地域によってその形態は多様であり，

---

2) 従来の移民研究では，農村から都市への人口移動がより高い所得を得るという経済的要
　　因によって生じることがトダロ・モデル（Todaro, 1969）によって示されており，移民
　　＝労働力の移動であることが前提とされた。

幅広い年齢層の人びとにとって「自己実現」がその動機の中心にある（O'Reilly & Benson, 2009：1）。退職後の生活をより豊かに暮らせる国や地域に自発的に移住することは，個人のもつ暮らしや生き方の志向性（ライフスタイル）がその動機となる国際移動であり，労働を目的としない人の移動や，一時的な人の移動という意味において，観光旅行と共通している。

　ヨーロッパにおいて EU 加盟国の市民は域内での移動の自由と居住の権利を有しており，国外への移住や長期滞在が盛んである。「太陽の海岸」を意味するスペイン南部沿岸部のコスタデルソルには，陽の光を求めてイギリスやドイツ，北欧からやってくる観光客や長期滞在者に物件を仲介する不動産業者が軒を連ねている。また，風光明媚な観光地であるフランスのドルドーニュ地方やイタリアのトスカーナは，田園風景や古き良き生活様式に憧憬をもつ旅行者を惹きつけ，長期滞在のリピーターや移住者が増加した（Benson, 2011）。北米でも同様に，アメリカとカナダから中南米の国々やカリブ海諸島をはじめ，フロリダやメキシコなど，南の「陽気な」気候と文化をもつ国や地域での移住や長期滞在が顕著である（King et al. (eds.), 2000）。

　上述の通り，従来の観光人類学は，近代観光を日常から離れた場所での非日常の行為と捉えてきた。しかし，ライフスタイル移住は，暮らしの一部が旅となり，旅に暮らしを持ち込むことであり，観光と移住の重複領域にある。このような観光形態をさす用語として，居住ツーリズム（residential tourism），セカンドホームツーリズム，余暇移住，季節移住，アメニティ移住／ツーリズムなどもあるが，「ライフスタイル移住」または「ライフスタイルツーリズム」がこれらの細分化された分類を包括する用語となった（e.g. Janoschka & Haas (eds.), 2014；Salazar & Zhang, 2013）。移動を示す用語には移住（migration）または観光（tourism）が互換可能な形で用いられており，明確に区別されているとはいえない。現地社会からみると，現地で経済活動に従事していなければ，別荘所有者や別荘を賃借する長期滞在者は，住民というより「恒久的なツーリスト」（permanent tourist）なのである（Waller & Sharpley, 2018）。

　現代社会において余暇と暮らしは多様化し，国内外の複数の場所で生活する「マルチハビテーション」（多拠点居住／生活）が拡大している（戸田, 2001）。日本では，平日は都市で生活する人びとが，週末は別荘に滞在し，アウトドアやスポーツを楽しむことや，温泉につかり静養すること，あるいは農作業にいそしむことが暮らしの一部となるように，ライフスタイル移住は，ヘルスツーリズムやグリーンツーリズムなどとも関連する。2020 年の新型コロナウイルス感染症（COVID-19）の流行

により注目された「ワーケーション」という言葉は，リゾート地に滞在しながらリモートで働くことを指しており，ワーキングホリデーと同様に，余暇と労働を融合させるライフスタイル移住の一形態にかぞえられるだろう。

　観光地のマーケティングにおいても，観光旅行と日常生活を対置させるのではなく，むしろ結びつけていく観光として，ライフスタイルツーリズムの振興に行政主導で取り組む国や地域もある。たとえば，南オーストラリアの州都アデレードは，ライフスタイルツーリズムの目的地としてパッケージ化し，自然や芸術，ワインと食文化など豊富な観光資源を包括的に促進している（Gross et al., 2008）。日本でも，北海道や沖縄などのリゾート地に加え，衰退する別荘地や過疎化が進む地方自治体では，地域経済の活性化や地方創生の方策として「国内ロングステイ」や移住者を誘致している。一方で，滞在先となる地域では，物価や不動産価格の高騰による居住地区の高級化（ジェントリフィケーション）や外国人コミュニティの出現（北海道のニセコの例）など，受け入れ社会に変化が生じている[3]。

　実のところ，本章で述べる「新しい」観光形態としてのライフスタイル移住の特徴は，1990 年代の日本の観光人類学において，すでに指摘されている。山下晋司の論じた「「観光」から「移住」へいたるまでの《はざま》のスペクトル」（山下，1996：55；1999：154）は，橋本和也が「現代の傾向」として指摘する「「観光」の領域とその他の領域との「境界の融解」」（橋本，1999：57）の一例である。観光を形作る二項対立の無化を論じるには，ライフスタイル移住のもつ日常の要素，すなわち観光の日常化を捉えるだけでは十分ではなく，既存の観光の枠組みにあてはまらない，「観光ではない」とみなしてきた人びとの行為のなかに，観光を成り立たせている要素を読み取る作業が不可欠である。

4　観光地に滞留する人びと

　ツーリストとして特別な査証なしで渡航できる国や地域での長期滞在は，自発的

---

3) ジェントリフィケーション（gentrification）とは，貧困層の住む地区に中間層や富裕層が流入することによって居住地区の住宅や地価が高騰し，生活空間が高級化していくことを意味する。都市再編の過程に加え，観光（観光化や観光開発）との関連で生じる現象である（須永，2020）。居住ツーリズムや別荘所有を含め，ライフスタイル移住によってトランスナショナルなジェントリフィケーションが生じていることが指摘されている（e.g. Hayes, 2018）。

な移動であること，現地での労働を目的としないこと，消費活動が中心となる点で，観光客と共通する特徴をもつ。自発的な長期滞在を捉える枠組としてライフスタイル移住をいち早く論じたのは佐藤真知子（Sato, 2001）であるが，そのほかにも「精神移民」（佐藤，1993）や「「自分探し」の移民」（加藤，2009），「文化移民」（藤田，2008）といった移動する主体の主観的意味づけやアイデンティティの問題として移動を捉える視点が生まれた。オーストラリアのライフスタイル移住を「日本を逃れる」移動と論じた長友淳（2013）は，ワーキングホリデーも含め観光経験と移住の意思決定の関連性を指摘している。しかし，これらの研究は移動する人びとを「移民（migrants）」というカテゴリーで論じており，旅行者や観光客とは明確に区別している。

　スペインのマヨルカ島やイビサ島，インドのゴアやワーラーナシー（バラナシ）での滞在を繰り返す欧米人のバックパッカーは，自国での就労で得た収入を旅の資金として蓄え，旅先では放浪的で自由奔放にすごすことがライフスタイルとなっている。マリ・コーペラ（Korpela, 2009；2010）は，旅のはじまりの場面では一時的滞在の旅行者であったはずのインドを旅する欧米人のバックパッカーが，旅を繰り返すうちに，結果としてインドで一年のうち数か月をすごすことがライフスタイルとなる過程を捉えた。旅行者からライフスタイル移住者への変容の過程は，これまで自明とされてきた「旅行者」と「定住者」の区分，あるいは「旅」と「暮らし」の二分法で人の移動を捉えることの限界を示している。気に入った旅先を再訪し，「いつか住みたい」という気持ちをいだきながら，繰り返し滞在するうちに現地に「居場所」をつくり，移住者となり定住することはおおいにありうる。移動する人には複数の場所に対して愛着や帰属意識が芽生え，自分の居場所（ホーム）としてそれらの場所を獲得していくのである（Gustafson, 2006：27；本書第2章）。

　日本人の若者の間でも，長旅を繰り返すうちに気に入った国や地域に移住する人たちが現れた。多くの場合，20〜30代の単身者で，現地の語学学校に留学し，語学を習得したあとに現地採用の就職先を探し，移住者となるのだが，なかには，日本で働いて貯めた資金をもとにアジアの都市での滞留を繰り返す人もいる。このような若者の移住や長期滞在は，トランスナショナルに創出される非日常的な「境界の時間」（＝リミナリティの経験，コラム①）の側面をもつ。仕事，家族や交友関係など移住前の個人を取り巻く社会的状況から離脱し，日本の社会的規範やジェンダー役割などの抑圧の構造から一時的に自由になる。日本と移住先のはざまの境界期間は，今までの生活をリセットし，「自分探し」の時間になる。タイに移住する若者の場合，境界時間を経て，日本に帰国し日本社会に再統合されるか，タイに残り

現地社会に本格的に再加入するか，あるいは，日本とタイの両方に基盤を作り行き来する。若者の海外経験は通過儀礼の側面をもつとジョン・アーリ（2015）も指摘するとおり，観光の基本構造にあてはめて考えると，数年にわたる長期滞在も観光と同様の時間構造で捉えることが可能である。何をもって一時的といえるのか，また，長期滞在とはどれくらい「長い」期間なのかは，時間の長さよりもむしろ，社会的な再統合や地位の移行によって説明できるのだ（Ono, 2015）。

　アジアの観光地はバックパッカーに代表される，若く，非雇用の長期滞在者が集まる場所となった。観光地に長期滞在するのは世界を巡る旅行者だけでなく，出入国を繰り返すことで「ツーリスト」としての滞在期間を延長すること（＝「ビザラン」）によって，現地で非正規就労を行う長期滞在者も含まれる[4]。何もせずただ時間を過ごすような「旅をしない」，「観光地に留まる」旅行者を下川裕治（2007）は「外こもり」と呼び，日本社会に閉塞感や生き辛さを感じる日本人が国外へと移動することは，行き場，すなわち「生き場」探しであると述べた（下川，2011）。「楽園」や「癒し」のイメージをもつアジアの観光地に，日本国内における不満や生活上の苦難を抱えた人びとが，それまでの生活をいったんリセットし，新たな生き場を求めて国際移動するという生存戦略の地としての可能性を見出したのは，旅慣れて旅をしなくなった旅行者たちであった。

5　ロングステイツーリズム：
　非日常的な日常を生きるという意味世界

　1980年代後期，海外旅行と暮らしを融合させたライフスタイルとして「ロングステイ」が発案された。この言葉は，1992年に設立された一般財団法人ロングステイ財団の登録商標であり，「生活の源泉を日本に置きながら海外の1か所に比較的長く滞在し，その国の文化や生活にふれ，国際親善に寄与する海外滞在型余暇」と定義される（ロングステイ財団，2018）。ロングステイ先として人気が高いのは，マレーシア，タイ，ハワイ，オーストラリアなど，南国リゾートのイメージのある国

4）ビザラン（visa run）とは，新たなビザや滞在資格を得る目的で，近隣諸国へといったん出国することを指す（日帰りのビザランすら珍しくない）。タイ政府は，日本人など一部の外国人に対してビザ免除で30日の滞在を許可している。しかし，ビザランを繰り返して事実上の長期在住をするケースの増加により，取り締まりを強化すると警告を発した（在タイ日本国大使館，2014a; 2014b）。

や地域である。なかでも，物価や気候の面で生活しやすい東南アジアの国々は退職者向けの受け入れ制度を実施している。2000 年代に老後の海外暮らしを始めた日本人の多くは，日本の気候のきびしい夏と冬にあたたかいマレーシアやタイに長期滞在し，ゴルフ三昧の日々を過ごす健康な高齢者たちであった。その様子はテレビ番組や新聞・雑誌の記事で紹介され，退職後に年金を活用して海外に長期滞在・移住することは，高齢者が生きがいをもって老後を暮らすライフスタイルの選択肢とみなされるようになった（小野, 2019）。

　「マレーシアの軽井沢」と呼ばれるキャメロンハイランドは，当地でのロングステイを普及促進する任意団体（ロングステイ団体）の設立を契機に，2000 年代の初め頃から多くの日本人高齢者が長期滞在するようになった。大多数は，日本に居住しながら数日から 90 日以内の滞在を年に 1～2 回繰り返す「渡り鳥型」のロングステイヤーである。夫婦で滞在するリピーターの多くは，自炊のできる家具つきの物件を賃借し，より長く滞在するようになる。日々の食材や生活用品の買い物のほか，ゴルフやテニス，トレッキングや観光，ボランティア活動，現地のグルメなど，さまざまなレジャー活動を行う。ロングステイ団体は，現地コミュニティとの交流の窓口となり，公共施設の利用許可を得たり，文化交流やボランティア活動の機会を会員に提供する。また，ホテルやゴルフ場との料金や各種サービスの交渉，近隣地域への小旅行の企画，仲間の観光ガイドや病院へのつきそいなど，従来旅行社がはたしてきた観光の媒介者としての役割を担う。ロングステイ団体の会員であれば割引料金で連泊できる定宿のホテルはさまざまな活動の拠点となっており，ロングステイヤー同士のみならず地元の人びととの関係性をつなぐ磁場となっている。

　キャメロンハイランドでのロングステイは，「ゲスト」によって組織化されるツーリズムである。アーリ（2003）は「旅行の社会的組織化」を指摘しているが，キャメロンハイランドにおけるロングステイツーリズムが生じる過程では，観光業をはじめとする「ホスト」側よりも，「ゲスト」である日本人ロングステイヤーや互助組織がはたす役割が大きい。ホスト側に求められるのは，日本人高齢者のロングステイ滞在地という意味世界においてゲストが期待する役割を引き受けることである。スミスが論じたホスト−ゲストの二項対立は無化し，ゲストにとってのホストは単に観光のまなざしを一方的に向ける対象にとどまらない。

　日本人ロングステイヤーは，現地の人びととの交流活動を長期滞在の目的の一つにしており，彼らの生活に能動的に関与する。それは，観光活動で関わる人びとである場合も多い。たとえば，ゴルフ場でキャディやボール拾いの仕事をするオラ

ン・アスリ（先住民）にガイドを依頼し，彼らの住む村にトレッキングに出かけ，観光地化されていない彼らの生活，つまり観光の「舞台裏」をみる（cf. マキャーネル, 2012）。さらには，トレッキングで歩く山々の保全にも取り組み，植林活動のボランティアを継続している。また，「現地の人びととの仕事に役立つように」という思いから，ボランティアの日本語教室を運営し，定宿のホテルの従業員や土産物屋など，観光業で働く人びとや学生に日本語を教えている。ホストである現地の人びとをゲストに招きお茶会を開いたり，盆踊り大会では，現地の人びとに浴衣や法被^{はっぴ}を着てもらい，一緒に盆踊りを踊るという，ゲスト主導の国際交流の場が創出される。ここでは，従来的なホストとゲストの関係が逆転し，ゲストがホスト，ホストがゲストになる状況がある。このように，日本人ロングステイヤーのもつ「観光ではない」活動を行う「観光客らしくない」側面がロングステイツーリズムの特徴となる。

ゲストによって組織化されるキャメロンハイランドのロングステイツーリズムにおけるホストとゲストの関係を概観すると，ゲストにとってホストは観光対象として一方的に消費する対象ではなく，現地に貢献したい，日本の文化を知ってもらいたいというゲストの「思い」を受け取ること，すなわちゲストのゲストになることが，ホストの役割となるのだ。日本人ロングステイヤーはホスト社会に単に観光のまなざしを向ける消費者ではなく，能動的に関わることでゲストはホストに転化し（第2章），非日常的な日常を生きることにロングステイの意義と自己実現の契機を見出している。国際貢献という「善意」の受け手であるホスト社会への信頼や愛着を増大させ，「よりよきツーリスト」（藤巻, 2009：239）としてホスト社会の未来によりそう存在であろうとするのである。

6 観光のもつ「観光らしくない・観光ではない」側面，反転するまなざし

冒頭で紹介したとおり，観光人類学の基本概念である時間構造の考え方は，なぜ人びとが観光活動を行うのか，という問いを，日常と非日常，さらに労働と余暇という二項対立で捉えることによって構造的に明らかにしてきた。従来，観光とは一時的な変化の経験であり，日常（労働，普通，ホーム，定住）と非日常（余暇，特別，アウェイ，移動）の境界を行き来することであった。しかしながら，今日の観光はこの境界線のゆらぎと二項対立の無化を捉え，商品化することによってツーリズムの新たな局面を創出している。本章では，ライフスタイル移住という概念のも

つ「観光らしくない・観光ではない」側面に着目し，旅行しないバックパッカー，長期間生活するロングステイヤーの観光活動や観光地，およびホスト社会との関わりについて検討した。ロングステイツーリズム・国際退職移住と地続きの観光として，この他にも，たとえば，転地療養や治療を目的とする長期滞在者や患者（医療ツーリスト），子どもの教育目的で移住や親子留学する家族（教育ツーリスト），個人投資家による不動産ツーリズム（property/real estate tourism）などにも共通して，「観光客らしくない・観光客ではない」人びとによる「観光らしくない・観光ではない」側面に新しい観光形態が生じていることが見て取れる。

　ひるがえって，非日常性の経験としての「観光らしさ」とは，異文化を消費するという行為によって体験する自分の「あたりまえ」や価値観，日常性を揺さぶるような変化の経験ではないだろうか。異文化のなかに見出される「わたしの日常」との差異や共通性，自然や野生生物，世界遺産や景観美などの普遍的価値を楽しむこと，あるいはその喪失や破壊を目の当たりにすることによって生起するノスタルジーに浸ること，さらにはそれらの保全に関わること，温泉に浸かり身体の疲れが癒されること，それらはすべて，ツーリストにとって自身の生活世界を新たな視点で捉え直す「異化」を導く経験であり，ツーリストの置かれた状況によって，その経験が意味づけられる。異文化を表層的に経験する「浅い」経験から，実存を揺さぶられるような「深い」経験まで，観光経験を通じて変容していく自己を楽しむことは，まぎれもなく，観光のもつ大きな魅力である（第7章）。

　観光地は，よそ者を一時的に快く受け入れサービスの授受という名目で異文化間のコミュニケーションを発生させる装置である。ツーリストによる旅先での経験は，しかし，必ずしも異文化との素敵な出会いばかりではなく，時には不利益を伴うようなほろ苦い経験でもあるはずだ。それは，母語でのようにスムーズにいかない会話，メニューを見て頼んだ料理が思っていたものと違ったときのがっかり感，ぼったくりに遭遇してしまったさいの怒りなど，一見ネガティブな経験である。しかし，旅が終わり再び日常にもどると，旅先で経験したいっさいの「苦行」も土産話（時に自慢話）へと昇華する。決して，もう旅行なんてこりごりだという話にはならず，むしろ，多少の「苦行」があることによってさらに有意味な経験となり，再び観光旅行に出かけたいという気持ちにさせるのだ。ツーリストの観光活動の周縁にある「観光らしくない・観光ではない」側面をもつ事象に目を向けると，それらは，「非日常性」や「他者性」という言葉によって語られてきた観光活動に不可欠な，観光の「本物らしさ（＝真正性）」（第4章）の源泉であるということに気づく。

　近年の東南アジアの大都市の急速な発展により，アジア観光の魅力とされた「雑多」で「遅れた」，しかしどこか「懐かしい」，ノスタルジーに満ちたツーリズム空間は，徐々に，「洗練された」，「コスモポリタンな」都市空間へと変容を遂げている。それに伴うかのように，マレーシアやタイでは長期滞在の受け入れ基準となる資産条件の「ハードル」は上がり，より豊かな外国人（＝エリート）を誘致する方針が色濃くなってきている。その一方で，ビザランの規制は強化され，バックパッカーや「外こもり」などの低予算のツーリストの滞留が困難になっている。さらに，アンソニー・エリオットとジョン・アーリが「グローバルズ」（globals）と呼ぶ莫大な富をもつ超エリートの出現は，新たな移動の様式や移動が生活の一部になる状況（＝「モバイルな生」（mobilie lives））を創り出している（Elliot & Urry, 2010：92-95）。観光と移動の多様化は，観光活動の範疇を拡大すると同時に，観光客の選別化，差別化というプロセスを伴っていることに目を向け，その意味を考えていく必要があるだろう。

　ある国や地域に観光旅行に出かけることが人生に一度きりの出来事ではなくなった今日，ツーリストが参照するのは，定番のガイドブックではなくなり，むしろ，著名人（モデルやタレント）や一般の人びとの SNS に掲載された写真や記事などの口コミ情報である。重要なのは，誰の発信する情報であるのかであり，ツーリストが誰であるのかが重視され，どこで何をするのかという観光情報の価値判断を左右する。観光地での取るに足らない出来事でも，あこがれの著名人や親しい友人の SNS で報告されれば，自分もそこに出かけて同じ体験をしてみたくなるかもれない。観光のまなざしは反転し，ゲストのまなざしはホストよりも，むしろゲストに向けられているのだ。その先には，自らがツーリストとなった際にゲストである「わたし」が肯定的承認を得ることを含め，「わたし」の観光経験に対する他者のまなざしをも要請しているということを指摘しておかなければならない。

　反転するまなざしは，ライフスタイル移住を取り巻く新たな観光のなかにも見出される。2007 年にニューヨークタイムズに掲載されたタイの医療ツーリズムを報じる記事は「自分のレントゲン写真を見に行くのが観光活動になるときがある（Sometimes, Sightseeing Is a Look at Your X-Rays）」という見出しがついている（Kurlantzick, 2007）。医療ツーリズムは近年盛んになってきた新たな観光のスタイルだが，そこにはゲストがホストを「観る」従来的な観光にはなかった，ホスト（医者や看護師）がゲストを「診る・看る」という反転した／ねじれたまなざしが，内包されている。ツーリストが「わたし」に向ける眼差しの先鋭化によって加速する

「日常生活の審美化」（フェザーストン, 1999）に伴い，異化効果を観光の魅力として取り込み商品化する市場経済の圧力によって，ホストのまなざしが新たに作られ，絶えず変容しているのである。

【引用・参考文献】

アーリ, J.／吉原直樹・大澤善信［監訳］(2003).『場所を消費する』法政大学出版局（Urry, J. (1995). *Consuming places*. London: Routledge.）

アーリ, J.／吉原直樹・伊藤嘉高［訳］(2015).『モビリティーズ——移動の社会学』作品社（Urry, J. (2007). *Mobilities*. Cambridge: Polity Press.）

小野真由美 (2019).『国際退職移住とロングステイツーリズム——マレーシアで暮らす日本人高齢者の民族誌』明石書店

加藤恵津子 (2009).『「自分探し」の移民たち——カナダ・バンクーバー，さまよう日本の若者』彩流社

グレイバーン, H. H. N.／土井清美［訳］(2018).「観光——聖なる旅」スミス, V. L.［編］／市野澤潤平・東賢太朗・橋本和也［監訳］『ホスト・アンド・ゲスト——観光人類学とはなにか』ミネルヴァ書房, pp.25-46.（Graburn, H. H. N. (1989). Tourism: The sacred journey. In V. Smith (ed.), *Hosts and guests: The anthropology of tourism* (2nd edition). Philadelphia, PA: University of Pennsylvania Press, pp.21-36.）

コーエン, E.／遠藤英樹［訳］(1998).「観光経験の現象学」『奈良県立商科大学研究季報』9(1): 39-58.（Cohen, E. (1979). A phenomenology of tourist experiences. *Sociology*, 13(2): 179-201.）

在タイ日本国大使館 (2014a).「大使館からのお知らせ（タイ入国に際してのご注意)」〈https://www.th.emb-japan.go.jp/jp/news/140528-2.htm（最終確認日：2022年3月7日)〉

在タイ日本国大使館 (2014b).「大使館からのお知らせ（タイ入国に際してのご注意（その3))」〈https://www.th.emb-japan.go.jp/jp/news/140721.htm（最終確認日：2022年3月7日)〉

財団法人ロングステイ財団 (2018).『ロングステイ調査統計2018』一般財団法人ロングステイ財団

佐藤真知子 (1993).『新・海外定住時代——オーストラリアの日本人』新潮社

下川裕治 (2007).『日本を降りる若者たち』講談社

下川裕治 (2011).『「生き場」を探す日本人』平凡社

須永和博 (2020).「「場所の力」を紡ぐ——タイ国プーケット旧市街におけるセルフ・ジェントリフィケーション」『観光学評論』8(2): 161-174.

スミス, V. L.［編］／市野澤潤平・東賢太朗・橋本和也［監訳］(2018).『ホスト・アンド・ゲスト——観光人類学とはなにか』ミネルヴァ書房（Smith, V. (ed.) (1989). *Hosts and guests: The anthropology of tourism* (2nd edition). Philadelphia, PA: University of Pennsylvania Press.）

ターナー, V.／梶原景昭［訳］(1981). 『象徴と社会』紀伊國屋書店（Turner, V. (1974). *Dramas, fields, and metaphors: Symbolic action in human society*. Ithaca, NY: Cornell University Press.）

戸田智弘 (2001). 『海外リタイア生活術——豊かな「第二の人生」を楽しむ』平凡社

長友 淳 (2013). 『日本社会を「逃れる」——オーストラリアへのライフスタイル移住』彩流社

ブーアスティン, D. J.／星野郁美・後藤和彦［訳］(1964). 『幻影の時代——マスコミが製造する事実』東京創元社（Boorstin, D. J. (1962). *The image: A guide to Pseudo-events in America*. New York: Harper and Row.）

フェザーストン, M.／川崎賢一・小川葉子［編訳］／池田 緑［訳］(1999). 『消費文化とポストモダニズム』恒星社厚生閣（Featherstone, M. (1991). *Consumer culture and postmodernism*. London: Sage.）

橋本和也 (1999). 『観光人類学の挑戦——文化の売り方・売られ方』世界思想社

藤田結子 (2008). 『文化移民——越境する日本の若者とメディア』新曜社

藤巻正己 (2009). 「他者理解の旅へ——よりよきツーリストを目指して」藤巻正己・江口信清［編］『グローバル化とアジアの観光——他者理解の旅へ』ナカニシヤ出版, pp.231-239.

マキァーネル, D.／安村克己・須藤 廣・高橋雄一郎・堀野正人・遠藤英樹・寺岡伸悟［訳］(2012). 『ザ・ツーリスト——高度近代社会の構造分析』学文社（MacCannell, D. (1999). *The tourist: A new theory of the leisure class* (3rd edition). Berkeley, CA: University of California Press.）

山下晋司 (1996). 「《南》へ——バリ観光のなかの日本人」青木 保・内堀基光・梶原景昭・小松和彦・清水昭俊・中村伸浩・福井勝義・船曳建夫・山下晋司［編］『移動の民族誌（岩波講座 文化人類学 第7巻）』岩波書店, pp.31-59.

山下晋司 (1999). 『バリ 観光人類学のレッスン』東京大学出版会

山下晋司 (2009). 『観光人類学の挑戦——「新しい地球」の生き方』講談社

リーチ, E.／青木 保・井上兼行［訳］(1985). 『人類学再考〈新装版〉』思索社（Leach, E. R. (1961). *Rethinking anthropology*. London: University of London.）

Benson, M. (2011). *The British in rural France: Lifestyle migration and the ongoing quest for a better way of life*. Manchester: Manchester University Press.

Benson, M., & O'Reilly, K. (eds.) (2009). *Lifestyle migration: Expectations, aspirations, and experiences*. Farnham: Ashgate.

Elliot, A., & Urry, J. (2010). *Mobile Lives*. London: Routledge.（エリオット, A., & アーリ, J.／遠藤英樹［訳］(2016). 『モバイル・ライブズ——「移動」が社会を変える』ミネルヴァ書房）

Gross, M. J., Brien, C., & Brown, G. (2008). Examining the dimensions of lifestyle tourism destination. *International Journal of Culture, Tourism and Hospitality Research, 2*(1): 44-66.

Gustafson, P. (2006). Place attachment and mobility. In N. McIntyre, D. R. Williams, & K. E. McHugh (eds.), *Multiple dwelling and tourism: Negotiating place, home and identity*. Wallingford: CABI, pp.17–31.

Hayes, M.（2018）. *Gringolandia: Lifestyle migration under late capitalism*. Minneapolis, MN: University of Minnesota Press.

Janoschka, M., & Haas, H.（eds.）（2014）. *Contested spatialities, lifestyle migration and residential tourism*. London: Routledge.

King, R., Warnes, T., & Williams, A.（eds.）（2000）. *Sunset lives: British retirement migration to the Mediterranean*. Oxford: Berg.

Korpela, M.（2009）. When a trip to adulthood becomes a lifestyle: Western lifestyle migrants in Varanasi, India. In M. Benson & K. O'Reilly（eds.）, *Lifestyle migration: Expectations, aspirations, and experiences*. Farnham: Ashgate, pp.15–30.

Korpela, M.（2010）. Me, myself and I: Western lifestyle migrants in search for themselves in Varanasi, India. *Recreation and Society in Africa, Asia and Latin America, 1*(1): 53–73.

Kurlantzick, J.（2007, May 20）. Sometimes, sightseeing is a look at your x-rays. *The New York Times*. 〈https://www.nytimes.com/2007/05/20/travel/20HeadsUp.html（最終確認日：2021 年 4 月 13 日）〉

McIntyre, N., Williams, D. R., & McHugh, K. E.（eds.）（2006）. *Multiple dwelling and tourism: Negotiating place, home and identity*. Wallingford: CABI.

Ono, M.（2015）. Descending from Japan: Lifestyle mobility of Japanese male youth to Thailand. *Asian Anthropology, 14*(3): 249–264.

O'Reilly, K., & Benson, M.（2009）. Lifestyle migration: Escaping to the good life? In M. Benson & K. O'Reilly（eds.）, *Lifestyle migration: Expectations, aspirations, and experiences*. Farnham: Ashgate, pp.1–13.

Salazar, N. B., & Zhang, Y.（2013）. Seasonal lifestyle tourism: The case of Chinese elite. *Annals of Tourism Research, 43*(4): 81–99.

Sato, M.（2001）. *Farewell to Nippon: Japanese lifestyle migrants in Australia*. Melbourne: Trans Pacific Press.

Todaro, M. P.（1969）. A model of labor migration and urban employment in less developed countries. *The American Economic Review, 59*(1): 138–148.

Waller, I. U., & Sharpley, R.（2018）. Host community perceptions of international permanent tourists: The case of Didim, Turkey. In M. C. Hall & D. K. Müller（eds.）, *The Routledge handbook of second home tourism and mobilities*. London: Routledge, pp.245–257.

コラム① 円環的時間と通過儀礼

市野澤潤平

　自分の生誕から現在までの時間を図示しなさいと言われれば，ほとんどの人が定規のような数直線で描き表すだろう。歴史の授業に登場する年表も，ずいぶん太いが構造としては数直線だ。時間を線的に捉えて，現在から未来の特定時点を見据えて計画を立てる。または過去の特定時点へとさかのぼって現在までの経過を精査する（事故原因の検証などがその典型だ）。われわれにとっては当たり前の時間とのこうした付き合い方は，実は人類がもつ多様な時間感覚の一形態でしかない。過去から未来へと直線的かつ一方向に続くイメージが標準的な時間観となったのは，目的合理性と効率性に高い価値がおかれるようになった近代社会（特に 18 世紀イギリスに端を発した産業革命以降）に特異な事態ではないだろうか。

　人口の大部分が狩猟採集や農業に従事していた過去，時間は円環的なものとして捉えられる向きが強かった。円環的時間のイメージとは端的にはアナログ時計のそれで，12 時から始まる時間が一周して 12 時にもどり，それが延々と繰り返される。過去から現在・未来への歴史ではなく，一日の太陽の動きや年間の季節の巡りを時間的に把握するには，円環のイメージがふさわしい。自然と密接に関わりながら暮らす人びとにとっては，歴史年表よりも四季の移ろいがはるかに大きな関心事である。季節に応じて変化する気温や降水量や動植物の生育状況を把握することが，狩猟採集や農業においては重要なのだ。彼らが年や日という循環する単位によって時間を捉えていたのは，当然のことだといえる。

　われわれの祖先にとっては，自然環境こそが，時間の経過と循環を知る時計であった。ただし，その時計の盤面には時刻を示す目盛りはない。時間とは，漸次的に緩やかに移りゆくものだったはずだ。しかしいつしか，人類は時間の絶え間ない流れに切れ込みを入れはじめる。暦を作り，年中行事を行うようになったのだ（文字盤付きの精巧な時計が登場するのはさらに後のことだ）。日本では大晦日に 1 年が終わり，正月に新たな 1 年が始まる。しかしだからといって，12 月 31 日から 1 月 1 日への切り替わりを人が感知できるはずもない。その目に見えない時間の区切りを可視化するために行われるのが，年中行事なのである。正月やお盆や秋祭りといった年中行事は「年」という時間単位のなかに設けられた節目であり，時計の目盛りと同様に 1 年のうちの「ここ」を示す機能がある。日本におけるクリスマスはある種のお祭り騒ぎだが，サンタや長靴の装飾が街を彩り，ジングルベルの旋律が流れはじめると，今年もそろそろ終わりの思

いが強まるだろう。そしてモミの木が松飾りに置き換えられると，いよいよ年末のサインである。

　本来は切れ目なく続く時間軸につけた人為的な区切りを明確化するために，年中行事のような暦上の節目には，通常の時間とは異なる演出が施される。白地に白で印を付けても目立たないので，黒や赤を使うのと同じことだ。なぜ盆や正月は仕事が休みになり，祭りでは大騒ぎをするのか——普段はみな粛々と働いているからだ。ヨーロッパの祭りでは時に身分転倒がみられる。通常の社会生活における身分の上下が，祭りの間だけは逆転するのだ。このようにして，一年の大部分を占める日常すなわち「俗」に対する，ごく短い「聖」なる非日常が対比される（日本の民俗語彙では「ケ」と「ハレ」になる）。人類学者の V. ターナーは，区切りの「聖」なる時間に観察される，日常の社会的役割や上下関係が無化され個人対個人の全人格的な関係が顕在化する状況を，コミュニタスと呼んだ（ターナー，1981；2020）。日本における無礼講も一種のコミュニタスであり，日常的な社会関係を停止することで「聖≒ハレ」の時間を強調する効果がある。若者に人気の大晦日のカウントダウンは，年が切り替わる瞬間を実感するためのイベントだが，日付が変わる刹那にジャンプをする人がいる。普段は地に足を付けて生きる人間が，その一瞬だけ宙に浮くことで，「聖≒ハレ」を表現するのだろう。

　われわれは人生の転機にも，同様の仕方で時間に節目をつけている。たとえば入学式，卒業式，成人式，結婚式など，日本語ではよく「〇〇式」と呼ばれる儀礼はその典型であり，その実施を通して当事者の社会的身分が上昇することから，「通過儀礼」と呼ばれている。成人式を終えると子どもが大人になり，結婚式を終えると独身者が既婚者になる。入学式を経て学生に，入社式を経て社員になり，逆に卒業式を経て OB ／ OG になる。こうした社会的ステータスの変化は，それ自体が目に見えるわけではない。ある人物が結婚したところで，その身体に既婚の目印が刻まれたりはしないからだ（ゆえに一部の不心得な男性が結婚指輪を外して独身を装ったりできる）。だからこそ，特別な儀礼を執り行なって，身分の変化を可視化する必要がある。本来は切れ目なく流れる時間に区切りを設け，特別な演出によってその区切りの瞬間を体感できるようにするという意味で，通過儀礼は年中行事と同列の営為である。年末年始の諸行事や休暇は，去年が今年になるための通過儀礼とみなすこともできる。

　第 1 章で言及された「分離」「境界」「再統合」という通過儀礼の三段階構造とは，社会的身分の上昇という見えない変化を可視化する効果的な仕組みである。独身者たる新郎新婦をいったん日常の時空間から引き離すために，華燭の典が催される（＝分離）。それが終わると時を置かずに二人は新婚旅行に出かける（＝境界）。新婚旅行とは，日常の時空間や仕事を含む社会関係から切断され

た特別な状態（＝リミナリティ）で，その間，二人は独身者でも既婚者でもないどっちつかずの（またはどちらでもある両義的な）存在となる。そして旅行からもどると，親戚一同に挨拶し，職場にはお土産を配って，再び日常の時空間と社会生活に既婚者としてもどっていく（＝統合）。このように当事者が空間的に隔離される期間をつくることで，本来は目に見えない区切りが優れて明確に可視化されるのだ。

　通過儀礼における境界状態も一種の「聖≒ハレ」であり，さまざまな非日常的要素の導入によって「俗≒ケ」との違いが強調される。たとえば筆者が勤務する大学の卒業式では，卒業生全員が黒いガウンと房付きの角帽を着用する。華やかな袴姿を覆い隠す真っ黒ないでたちは一種異様だが，その異様な集団が大学講堂という隔離空間におかれることで，式典中の非日常感はいや増す。旅行こそ伴わないものの，開始と終了の宣言を含めて，卒業式もやはり境界の時間を挟んだ三段階構造になっているのである。

【引用・参考文献】

ターナー, V. ／梶原景昭［訳］(1981). 『象徴と社会』紀伊國屋書店 (Turner, V. (1974). *Dramas, fields, and metaphors: Symbolic action in human society*. Ithaca, NY: Cornell University Press.)

ターナー, V. W. ／冨倉光雄［訳］(2020). 『儀礼の過程』筑摩書房 (Turner, V. W. (1969). *The ritual process: Structure and anti-structure*. Chicago, IL: Aldine Publishing.)

第2章

ホスト／ゲスト，ツーリスト

21世紀の液状化のなかで

【基本概念】
ホスト／ゲスト，ツーリズム，ツーリスト，ホストとゲストの非対称性，観光のまなざし，リキッド・ホーム

吉田竹也

1 はじめに

　私は，インドネシアのバリ島と日本の奄美・沖縄地域を主なフィールドとし，熱帯・亜熱帯の「楽園」のイメージにもとづいて開発・造成された「楽園観光地」について研究している。この章では，私自身が知る具体例にもふれながら，ホスト，ゲスト，ツーリストという観光の主な主体について説明することにしたい。

2 基本概念と基本文献

　「観光」の定義については，本書の序章であらかじめふれているが，ここでは英語のtourismという語がもつ意味を確認することから議論を始めたい。
　電子媒体・紙媒体の辞書を見てみよう。すると，tourismには，①観光旅行と②観光業という二つの意味があることがわかる。日本語の「観光」は，①の意味しかもたない。また，英語のtourやtouristも，やはり①に関わる意味しかもたない。しかし，tourismは，①来訪者側の余暇活動である観光旅行と，②これを迎え入れる側の行為である観光業の，両面を内包する語なのである（cf. 溝尾, 2009：13-15）。このように，ツーリズムという語は二つの意味の側面をもっており，ただ意味の中心は旅行する側のほうにある。まず，この点に注意を払っておきたい。
　では，次に，英語のhostとguestを辞書で見てみよう。hostには，客をもてなす主人，宿の亭主，主催者，寄生動植物の宿主などといった意味があり，guestには，客，宿泊者，寄生する動植物などといった意味がある。英語のhostとguestの意味は幅広いが，観光研究では，上に述べたtourismが意味する二つの行為の各主体を

示すものとして「ホスト」と「ゲスト」という語が使われる。つまり、「ゲスト」は来訪者や観光者を意味するツーリストと互換的な語であり、「ホスト」はこのゲスト＝ツーリストを迎え入れる者、つまり観光業を営む側を意味する語である。そして、ツーリズムは、ゲスト＝ツーリストとホストとが交差するところに立ちあらわれる社会的行為であり、社会現象なのである。

　こうした学術的な認識が広く共有されるきっかけをつくったのが、ヴァレン・スミス編集の『ホスト・アンド・ゲスト』である（スミス編, 2018）。この論集は、少数民族を含む世界各地の事例を取り上げながら、ゲストと、ゲストとは異なる文化的背景をもつホストとの具体的な接触のあり方を記述し、人類学的な異文化理解の視点から観光を論じる枠組みを提示した。従来の観光研究は、ツーリストを迎えるホスト側の人びとやその社会・文化に必ずしも十分な目配りをせず、もっぱらツーリストやかれらを送り出す側の社会・経済に着目しながら、観光を主題化してきたといってよい。しかし、この論集は、現地の観光現象を、ゲストとホストあるいは両者を媒介するガイド・通訳などのミドルマン（文化仲介者）らが織りなす、ローカルかつ複雑な社会関係の中に位置づけて捉えることによって、観光研究を新たな方向へ導いたのである。

　たとえば、この論集の第 6 章では、マッキーンが 1970 ～ 80 年代のバリ観光と「伝統文化」の関係について論じている。バリ島は、インドネシア随一の、また東南アジアでも有数の、国際的な観光地である。バリの観光化はオランダ植民地時代の 20 世紀前半に始まった。当時から、バリ観光の目玉は、この島の宗教ヒンドゥーを背景とする舞踊や絵画などの芸術文化であった。マッキーンによれば、一般に、観光という近代的なものの介入は現地の伝統文化を破壊する方向に導くと想定される。しかし、バリの場合、観光の発展がこの島の伝統文化の保存や存続とともに進行している。「文化観光」という表現があるように、バリ観光は、ガムラン音楽、舞踊、彫刻、絵画、織布などの芸術や工芸を観光資源として活用することで成り立っており、これらの文化は大衆観光時代においてより活性化してもいる[1]。もしこうした独自の文化が失われ、バリが完全に近代的な島になってしまえば、観光も立ち行か

---

1) エコツーリズムの浸透を背景に、バリの棚田の風景も観光名所となっている。2012 年には中部の田園や寺院などからなる文化景観が「トリ・ヒタ・カラナの哲学のあらわれとしてのスバック体系」として世界文化遺産に記載された。また、2015 年には、主要なバリ舞踊が「バリ伝統舞踊の 3 ジャンル」として世界無形文化遺産に記載された（吉田, 2020）。

なくなることが予想される。また，バリ文化に魅了されバリを訪れる外国人ツーリストの増加は，バリの経済だけでなく，バリ人のアイデンティティを高めることにもつながっている。マッキーンは，このような近代的現象としての観光と伝統的なバリ文化との間にある，ある意味で逆説的ともいえるプラスの影響関係を，現地調査にもとづき明示したのである。

　ところで，『ホスト・アンド・ゲスト』の編者スミスは，ツーリスト，ホスト，ゲストをどのように定義したのであろうか。論集の序論において，スミスは，ツーリストを，変化を経験することを目的として，ホームから離れた場所を，自らの意思によって訪問する，ひとときの余暇を有する者である，とする。そして，観光を定義することは容易ではないとしながらも，次の三項からなる等式で，観光の基盤を示すことができるとする（スミス編, 2018：1）。

　　観光　＝　余暇時間　＋　自由裁量所得　＋　地域の肯定的承認

　つまり，ツーリスト＝ゲストが自由に使える時間とお金をもってホームから離れた場所を訪れるという行為が承認されることで，観光という現象は成立する，というのである。

　しかし，このスミスの議論には若干の問題がある。まず，スミスは「ホスト」が何であるかを明確にしていない。ツーリストを定義し，そのタイプ分けをする一方で（スミス編, 2018：14-21），ホストについては定義も論及もしていないのである。また，その反映なのか，この等式はゲスト寄りの視点にもとづくものになっている。はじめの二項については，「誰の」余暇時間であり自由裁量所得なのかが示されていないが，その主体が観光者であることは明らかである。第三項についても，おもに観光者の家族や旅行同伴者，観光者が属する社会や国による肯定的承認が例に挙げられている。この序論は，観光の主体をゲストと設定しており，ホストとゲストに等しく目配りしたものになっていないのである。

　ただ，『ホスト・アンド・ゲスト』が，ホストとゲストの関係を軸にさまざまな民族誌的事例を通して観光の実態を明らかにしようとする点で，画期的な観光人類学の研究であったことは間違いない。特定の社会や時代の文脈に即して，観光の具体的で多様なあり方を描き出すという手法は，その後の人類学や社会学における観光研究を方向づけるものとなった。しかし，この論集は，初版が 1977 年，改訂版が1987 年（邦訳の底本は改訂版）の出版であり，改訂版からすでに 30 年以上が経過し

た今日，観光現象も，これを捉える観光研究も，変化してきている。たとえば，バリの事例一つを取り上げても，いまでは，この島の伝統文化に魅かれてバリを訪れるというよりも，熱帯の「楽園」たるリゾートとしてのバリ島を訪れるというツーリストが主流になってきている現実があり，また，マッキーンのいう「伝統文化」は実はバリの近代化の中で形成されたものであるという知見が共有されるようにもなっている（吉田，2020）。

　以上，基本概念と『ホスト・アンド・ゲスト』という基本文献について整理した。これを踏まえて，以下，次の二つの点に絞って『ホスト・アンド・ゲスト』後の議論をフォローすることにしたい。一つは，観光におけるホストとゲストの非対称的関係性，つまりゲスト＝ツーリストの優位性という点であり，もう一つは，現代のホストとゲストにとってのホームの流動化ないし液状化という点である。

3 ホストとゲストの非対称性

　第2節でふれたように，英語のホストには「主人」という意味があるが，こと観光という社会現象においては，しばしばゲスト側が「主人」であるかのような構図が観察される。その一つの要因として，観光においてホスピタリティや「おもてなし」がときに過度に重視されるということがある（第9章「5-3　感情労働」参照）。しかし，より重大な要因は，特に途上国において，先進国から来る経済的に豊かなゲストの嗜好に合わせて社会的・経済的に弱い立場にあるホスト側が観光体制を整えるという枠組みにある。ホストとゲストの関係性は，社会や時代の状況に左右されるものではあるが，その一方で，こうしたゲストのホストに対する優位性は，あるいはまたゲストとミドルマンのホストに対する優位性も，人類学的観光研究における一つの論点をなしてきた（江口，1998；江口・藤巻編，2010；須永，2012）。

　たとえば，東南アジアや太平洋の島々の観光地では，美しいラグーンが眺望できるビーチサイドのホテルや海上コテージの中に，西洋式あるいは現地スタイルと融合した西洋式の家具や寝具（椅子，ソファ，鏡台，真っ白なシーツがかけられたベッドなど）が置かれている。食事は，基本的に西洋スタイルで提供される。たとえば，バリ人は日常の食事でナイフは使わず，スプーンとフォークを使うが，バリにあるツーリスト向けのレストランでは，ナイフは当たり前のように用意されている。ホテルやレストランで従業員が客と話す際に用いるのは，英語をはじめとするゲスト側の言語であり，メニューも英語で書かれている。いかなる言語や文字が使用され

るかは，支配や権力関係の表出として理解されるべきものである。また，ツーリストは，支払いの対価として癒しや快楽を求める。ホスト側は，このゲストの求めに応じて，自らの日常的な生活スタイルから乖離した規律や態度を習得し，観光ビジネスに勤しまなければならない。エコツーリズムなどの一部の体験型観光は別として，ホストとゲストが織りなす観光業・観光旅行の多くの具体的局面に，ゲストが優位な立場にあるというミクロな支配関係といいうるものを見出すことができる。そして，観光を楽しむゲスト側がこの支配関係に気づくことは，あまりないのが通常である（吉田，2020）。

『ホスト・アンド・ゲスト』の第2章は，ナッシュによる「帝国主義の一形態としての観光」であった。ここでいう帝国主義とは，先進国側の政治的・経済的・文化的な影響力や支配が，いわゆる第三世界や途上国に一方的に浸潤する体制を指している。ナッシュの議論は，現地社会の側にそうした先進国からの影響力や利権を自発的に受け入れる体制があることを指摘するにとどまっており，観光における帝国主義的支配を正面から論じるには至っていない。しかし，現地の側に観光を受け入れる体制・態勢があるというそのことこそ，先進国側に属するゲストと途上国側に属するホストの間の従属関係や搾取というマクロな支配関係が，上で述べた観光のミクロな支配と結び合って浸潤していることの証左なのである[2]。

アーリの『観光のまなざし』（序章参照）は，必ずしも十分明確ではないものの，こうした観光における支配関係を主題とした研究である。この本は2度改訂されているが，いずれの版でも，その冒頭にフーコーの『臨床医学の誕生』（フーコー，1969）からの引用を掲げ，病気や死と直接向き合う臨床医学あるいは医学一般が医師のまなざしを根幹として組織化・制度化されていったのと同様に，観光という社会現象もまた観光者のまなざしを根幹として制度化され社会に広まったものであり，権力関係を内在させたものであると指摘している（アーリ＆ラースン，2014：1-4）。つまり，観光におけるホストとゲストの関係は原理的に非対称的なものであって，

2）ミシェル・フーコーは，社会におけるミクロな支配や権力のあり方に焦点を当てた。フーコーによれば，権力や支配は，中心や上位にある組織や人物が下々の組織や人びとに強制的・外在的に行使するものとしてではなく，それが強制力をもっているかどうかも意識されないようなかたちで，日常の何気ない生活の中に毛細血管のように隅々まで行き渡り，主体が自ら進んで受け入れることもあるものとして，捉えられる必要がある。たとえば，男女の恋愛や性愛には，フーコーの考える権力や支配が充溢している。フーコーは，人びとを生かす権力や政治を「生権力」「生政治」と名づけた（檜垣，2011；吉田，2020；2022）。

観光それ自体がツーリストという主体の側のまなざし，つまりは文化に沿うかたちで制度化されている，ということである。

　具体例を挙げよう。ハワイの観光開発は 1920 年代に本格化した。この時期，アメリカでは映画産業が発展し，ハワイを題材とした映画が数多く製作された。人びとは，この映画を通してハワイの楽園イメージを消費した。典型的なハワイ映画は，白人男性と（白人女優が演じる）現地人女性とのラブロマンスを軸とし，ここに南の島の自然，素朴な原住民，奇怪な信仰や習俗などを盛り込んだものであった。当時のハワイではキリスト教とその倫理観が浸透しており，社会・文化は近代化や移民の増加などによって変容のただなかにあったが，アメリカ本土の人びとは，南の島の挑発的で官能的な女性と素朴で変わらぬ伝統文化といった，自社会のなかで構築されたイメージを映画のなかで再確認し，なかでも富裕層はこのイメージをもって実際に楽園ハワイを訪れていたのである（山中，2002：166-171；2004：67-78）。

　このように，当時のハワイ観光は，ツーリスト，特に男性の性的な好奇のまなざしを一つの基盤にして展開していた。同様のことはバリ観光についても指摘できる。

　20 世紀前半のバリは，東南アジア島嶼部に孤立して残存する独特のヒンドゥー文化をもつことに加え，二つの点で性的な魅力をもつがゆえに，ツーリストを引き寄せていた。一つは，もともとバリでは男女とも上半身裸が普通であり，オランダ植民地政府が衣服をまとうよう指導したものの，胸をさらした女性の姿をまだ見ることができた，という点である。もう一つは，バリは男性同性愛に寛容であるというイメージが欧米で広まっていた点である。しかし，こうした男性の性的まなざしは，現地の人びとにとって迷惑以外の何ものでもなかった。当時のバリの知識人たちも，欧米人ツーリストが女性の半裸の写真を撮ることに強い不快感を抱いており，そのことを批判してもいた（山下，1999：39-43；吉田，2013；2020；2021b）。このように，20 世紀前半のハワイとバリいずれにおいても，帝国主義的な支配体制と観光者側の性的まなざしとは結び合っていたのである。

　ここで議論をまとめよう。①観光という社会現象は，ホストとゲスト，観光業と観光旅行の二つが折り合わさって成り立っている。②しかし，ホストとゲストの関係は対等なものではなく，むしろツーリスト＝ゲストが観光という営みを支配する側に立っているという原理的構図がミクロおよびマクロな次元にある。この 2 点を同時に把握しておくことが重要なのである[3]。

4 現代人のリキッド・ホーム

　21 世紀に入って，観光は世界各地にさらに裾野を広げてきた。ツーリストとして観光という余暇活動を享受できない人びとが世界になお数多くいることを忘れてはならないし，コロナ禍によって観光のみならずサービス産業全体において淘汰は進むであろうが（吉田, 2021a），ツーリストの延べ人数や観光のもたらす経済効果は今後もしばらく拡大基調を続けると考えられる。このなかで，現在一つ注目されるのは，ホストとゲストとの差異がもはや固定的で自明のものではなくなってきているという点である。

　アーリとエリオットは，現代では移動が日常と化すとともに，移動と定着との境界が流動化していると論じる。バウマンは，現代社会とそこに生きる人びととの生が液状化していると論じる。とすれば，現代人のホーム——家族や家庭，故郷，母国を含む，広義の帰還の場所——もまた液状化し多様化していると考えられる[4]。ホームや居場所に相当するものは，どこにもあるかのようでいて，十全なものとしてはどこにも見出せなくなっており，現代人は不確かな複数のアイデンティティと複数の居場所とともに生きざるをえなくなっている（アーリ, 2015；エリオット & アーリ, 2016；遠藤, 2017；バウマン, 2001；2007：38-39；2008：206-208；バウマン & メイ, 2016：206-213）。安らぎの確たるホーム（ソリッド・ホーム）を渇望し

---

3) アーリは，『オフショア化する世界』で，観光のみならず，グローバルに人・情報・モノ・資金・廃棄物などが大量かつ高速に流通する世界の現状を，富裕層の支配という観点から描いた。「オフショア化」は，権力と支配が世界のすみずみにまで行き渡り，不平等がかつてないほど強化されている状況を指す（アーリ, 2018：21, 271-272）。ただし，私は，その支配の強化が，他方で支配への対抗可能性をもはらんでいると考える。たとえば，かつてのハワイやバリの人びとは，ツーリスト側の性的なまざしの暴力に対して，その不当性を直接訴え改善を求める手段をもっていなかった。しかし，現代では，SNSを含む各種メディアを通してホスト側が声を上げ，それに賛同を得ることはより容易になっている。アーリが『観光のまなざし』でふれるフーコーの権力論も，支配の複雑性の高まりを主題化したものであった。支配の強化という一面のみをあまり単純に強調すべきではないのである。

4) ホームの流動化は，その外に広がるアウェイとホームとの境界の流動化を含意する。たとえば，EU や北米を目指す難民にとって，いまだ訪れたことのないそれらアウェイの彼方の地こそ，未来のホームたるべき居場所である。かれらの立場を想像すれば，ホームとアウェイの境界が溶け合い混交している状況の一端を，理解することができるであろう。

ても，それがなかなか得られないのが，液状化した現代（リキッド・モダニティ）に生きるわれわれの姿なのである。

　私は，このようなリキッド・ホームとともに生きざるをえない現代人という視点から，バリに25年以上滞在する日本人について記述・考察を行なってきた（吉田，2013；2019；2020）。かれらは，当初ツーリストとしてバリを訪れ，やがて移住――第1章にあるライフスタイル移住――するに至った人びとであり，その多くが観光関連ビジネスを営んでいるという点で，いわばホスト化した元ゲストである。一般に，ホスト化した元ゲストは，もともと現地で生まれ育って観光を支える在地のホストとはいささか異なる生活スタイルや文化を保持しているケースが多い。したがって，そこにあるのは，単純な意味でのゲストのホスト化ではなく，ゲストの多様化とホストの多様化であり，そのなかでの一部のホストとゲストの重複化そして境界流動化である。かれらバリ在住日本人のライフスタイルは，現代人の多様化し液状化したホームの具体的なあり方のあらわれとみなすことができる。

　私が話を聞いたバリ在住日本人たちは，それぞれの経緯があって，居心地がよいと感じた楽園バリでの暮らしを選び取っていた。かれらにとってバリはかけがえのない居場所であるが，だからといってバリがかれらのホームであり，日本がアウェイであるという単純な割り振りは，必ずしもできない。かれらは日本人としてのアイデンティティやライフスタイルをまったく放棄したわけではなく，少なくとも潜在的には日本をひとつのホームとして残しつづけている。別言すれば，かれらは，日本人としてバリに生きるというアンビバレントなライフスタイルを選択したのであり，その内実もそれぞれに異なる。ほとんどバリ人のように暮らすタイプの者もいれば，バリ人的な生のあり方をほとんど取り入れず，短期滞在のツーリストに近いかたちでバリに暮らすタイプの者もおり，バリ移住後も中長期的に日本で暮らす期間を有する者もいる。さらに，2000年代にバリで起きた爆弾テロ事件やリーマンショックによるバリ観光の浮き沈み，その後の物価や店舗貸借料のさらなる高騰などを受け，バリを終の棲家とする計画を考え直すようになった者，すでにバリから撤退し帰国した者もいる。また，親の介護を引き受けて20年以上訪れることのできないバリを将来の居場所と位置づけ，バリでの暮らしを日本で構想し続ける60代の者もいれば，親の看取りを済ませて20年来の念願であったバリへの移住を70歳ではたした者もいる。かれらは，ネーション（国民，民族）やアイデンティティの面で日本とバリとのはざま，そして「楽園バリ」のイメージと現実のバリ社会とのはざまに生きている。こうした，何かのはざまに生きるという点は，現代人の一

つの典型的なライフスタイルといってよいのではないだろうか。

　ここまで，バリ在住日本人を例に，現代人のホームの液状化・多様化の一端にふれてきた。これは，『ホスト・アンド・ゲスト』の出版当時では想定されていなかった事態である。この論集は，ソリッド・ホームで暮らす人びとが一時的にゲストになってアウェイにある観光地を訪れ，この観光地をホームとして暮らすホストの人びとによって迎えられる，という関係性を前提としていた。この，それぞれ安定したホームに暮らすゲストやホストという設定から観光を捉える視点が，いまや再考されなければならないのである。リキッドでモバイルな生をリキッド・ホームとともに生きるゲストやホストにとって「観光」とは何であるかを，それぞれの主体にとっての意味を起点に捉え直すことこそ，今後必要となるのである。

5　まとめと今後の展望

　以上，ホスト，ゲスト，ツーリストという観光における主要な主体に関して，①ホストの観光業とゲストの観光旅行という両面から成り立つツーリズム現象，②ゲストがホストに対して優位にある権力関係あるいは非対称的関係性，③モバイル・ライフ全盛の現代におけるホームの液状化と，これに伴うホストとゲストの多様化や重複化，そしてそれを踏まえた観光現象の再考必要性，について述べてきた。

　最後に，この③との関連で，未来に向けた展望として一つふれておきたい点がある。観光について抜本的に再考するならば，人口動態を踏まえることが不可欠である，という点である。不思議なことに，人口動態をしっかり組み込んだ観光研究は，管見のかぎり皆無である。しかし，20世紀以降の飛躍的な観光の発展は，①科学技術の発展による遠距離交通の確立（時空間の圧縮），②社会的・経済的・文化的な世界の一体化（グローバル化），③医療やセキュリティシステムの浸透（信頼メカニズムの錬成），といった制度体制の整備，そして，④生活水準の向上による可処分所得の増大，⑤職業労働の浸透とまとまった余暇時間の享受，といったスミスが定義のなかに組み込んだ点に加え，⑥急速な人口増加と少子化を受けた，家族を基本単位とした消費生活スタイル，を原動力にはじめて成立しえたものである。自由に使える所得や時間があっても，それが消費行為に注入されるとは限らない。たとえば，ヴェーバーは，所得を投資に，余暇を禁欲的労働に投下した過去の人びとの営みを原動力にして，資本主義経済システムが自力で回転しはじめたと論じた（ヴェーバー，1989）。また，消費にも，ファッション，飲酒，ギャンブルなど，もっぱらホー

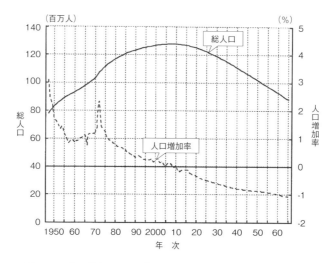

図2-1 日本の総人口・人口増加率の現状と将来推計 (1947-2065年)

(国立社会保障・人口問題研究所編, 2019：13)

ムにおいて個人単位で行うものもある。アウェイの地への移動と宿泊を伴う観光は，所得増と人口増・少子化の進む社会に生きる人びとを魅了した独特の消費行為だったのである。

近代化の過程において，世界各地の人口は著しく増加した。しかし，2008年に人口1億2800万人のピークを迎えた日本の総人口は，明治に入ってからの急激な人口増と対照的な軌跡を描きながら，今後急激な人口減へと向かうと推計される。そして，そこには超高齢化も伴う。やがて西欧諸国や東アジアの諸国・諸地域も，日本と同様の少子化・高齢化・人口減少を迎えると予想され，日本はその先鋭なる先例となる（国立社会保障・人口問題研究所編, 2017：2019）。

日本でも，観光は今後しばらく拡大基調を示すであろう。しかし，少子化，非婚化，高齢者単独世帯の増加などが絡み合って人口減少が進むならば，そう遠くない時期に転機は確実に訪れる。いま地方の観光地を支えている交通網や上下水道などの社会インフラがそのまま存続されるとは考えにくい。観光業者は，超高齢化社会において需要の高い観光サービスを供給する方向に生き残りの道を模索する。人口

---

5) 本章の議論は，JSPS科研費19K12593および2022年度南山大学パッヘ研究奨励金I-A-2の助成にもとづく研究成果の一部である。

増が 21 世紀を通して持続するアフリカからのツーリストをいかに惹きつけるかも重要となる。ゲストの多様化により，「大衆観光」は死語となるであろう。日本の観光地におけるゲストもホストも，その多くが外国人となる可能性は高い。あるいは，AI と IoT のさらなる進化により，観光業従事者が削減され，ホストは人ではなくもっぱらシステムを指すようになったり，ゲストの多くはヴァーチャル・リアリティで観光を楽しむようになったりするかもしれない。こうしてホストとゲストの実態が変わり，観光業と観光旅行のあり方が変わる。そして，観光の変貌とともに，観光論も大きく転換する。そうした 21 世紀の残り約 80 年間に更新されるであろう観光，そして観光論を，大胆かつ虚心坦懐に，想像してみようではないか[5]。

【引用・参考文献】

アーリ, J.／吉原直樹・伊藤嘉高［訳］(2015).『モビリティーズ——移動の社会学』作品社 (Urry, J. (2007). *Mobilities*. Cambridge: Polity Press.)

アーリ, J.／須藤　廣・濱野　健［監訳］(2018).『オフショア化する世界——人・モノ・金が逃げ込む「闇の空間」とは何か？』明石書店 (Urry, J. (2014). *Offshoring*. Cambridge: Polity Press.)

アーリ, J., & ラーソン, J.／加太宏邦［訳］(2014).『観光のまなざし〈増補改訂版〉』法政大学出版局 (Urry, J., & Larsen, J. (2011). *The tourist gaze 3.0*. London: Sage.)

ヴェーバー, M.／大塚久雄［訳］(1989).『プロテスタンティズムの倫理と資本主義の精神』岩波書店 (Weber, M. (1920). Die protestantische Ethik und der "Geist" des Kapitalismus. In M. Weber, *Gesammelte Aufsätze zur Religionssoziologie* (Bd.1). Tübingen: Mohr, pp.17–206.)

江口信清 (1998).『観光と権力——カリブ海地域社会の観光現象』多賀出版

江口信清・藤巻正己［編］(2010).『貧困の超克とツーリズム』明石書店

エリオット, A., & アーリ, J.／遠藤英樹［監訳］(2016).『モバイル・ライブズ——「移動」が社会を変える』ミネルヴァ書房 (Elliot, A., & Urry, J. (2010). *Mobile Lives*. London: Routledge.)

遠藤英樹 (2017).『ツーリズム・モビリティーズ——観光と移動の社会理論』ミネルヴァ書房

国立社会保障・人口問題研究所［編］／森田　朗［監修］(2017).『日本の人口動向とこれからの社会——人口潮流が変える日本と世界』東京大学出版会

国立社会保障・人口問題研究所［編］(2019).『人口の動向　日本と世界——人口統計資料集 2019』厚生労働統計協会

須永和博 (2012).『エコツーリズムの民族誌——北タイ山地民カレンの生活世界』春風社

スミス, V. L.［編］／市野澤潤平・東賢太朗・橋本和也［監訳］(2018).『ホスト・アン

ド・ゲスト――観光人類学とはなにか』ミネルヴァ書房（Smith, V.（ed.）（1989）. *Hosts and guests: The anthropology of tourism*（2nd edition）. Philadelphia, PA: University of Pennsylvania Press.）

バウマン, Z. ／森田典正［訳］（2001）.『リキッド・モダニティ――液状化する社会』大月書店（Bauman, Z.（2000）. *Liquid modernity.* Cambridge: Polity Press.）

バウマン, Z. ／伊藤　茂［訳］（2007）『アイデンティティ』日本経済評論社（Bauman, Z.（2004）. *Identity: Conversations with Benedetto Vecchi.* Cambridge: Polity Press.）

バウマン, Z. ／奥井智之［訳］（2008）.『コミュニティ――安全と自由の戦場』筑摩書房（Bauman, Z.（2001）. *Community: Seeking safety in an insecure world.* Cambridge: Polity Press.）

バウマン, Z., & メイ, T. ／奥井智之［訳］（2016）.『社会学の考え方〔第2版〕』筑摩書房（Bauman, Z., & May, T.（2001）. *Thinking sociologically*（2nd edition）. Oxford: Blackwell.）

檜垣立哉［編］（2011）.『生権力論の現在――フーコーから現代を読む』勁草書房

フーコー, M. ／神谷美恵子［訳］（1969）.『臨床医学の誕生』みすず書房（Foucault, M.（1963）. *Naissance de la clinique: Une archéologie du regard médical.* Paris: Presses Universitaires de France.）

溝尾良隆（2009）.「ツーリズムと観光の定義」溝尾良隆［編］『観光学の基礎（観光学全集第1巻）』原書房, pp.13–41.

山下晋司（1999）.『バリ観光人類学のレッスン』東京大学出版会

山中速人（2002）.「「楽園」幻想の形成と展開――ハワイにおける観光とメディアの結合」春日直樹［編］『オセアニア・ポストコロニアル』国際書院, pp.143–191.

山中速人（2004）.『世界史リブレット64　ヨーロッパからみた太平洋』山川出版社

吉田竹也（2013）.『反楽園観光論――バリと沖縄の島嶼をめぐるメモワール』樹林舎

吉田竹也（2019）.「安らかならぬ楽園のいまを生きる――日本人ウブド愛好家とそのリキッド・ホーム」『人類学研究所研究論集』7: 68–109.

吉田竹也（2020）.『地上の楽園の観光と宗教の合理化――バリそして沖縄の100年の歴史を振り返る』樹林舎

吉田竹也（2021a）.「観光恐慌2020年に関する覚書――観光リスク論の観点から」『アカデミア』人文・社会科学編, *21*: 297–306.

吉田竹也（2021b）.『神の島楽園バリ――文化人類学ケースブック』樹林舎

吉田竹也（2022）.『人間・異文化・現代社会の探究――人類文化学ケースブック〔第2版〕』樹林舎

第3章

メディアとパフォーマンス
メディアが媒介する観光地イメージおよび観光実践・経験

【基本概念】
メディア，イメージ，観光のまなざし，疑似イベント，パフォーマンス，写真行為，Web2.0

川崎和也

1 はじめに

　メディアとは，そもそも「つなぐもの」や「媒介するもの」である。テレビ，雑誌，映画，写真，インターネットなどの情報伝達の技術やシステムはそのひとつのありようである。

　観光はいまやメディアと切っても切れない関係にある。旅行に出かける前や旅行中のことを思い起こしてほしい。私たちはパンフレットやガイドブックに掲載された写真や情報などを眺めながら観光スポットを吟味し，旅先ではカメラを携帯して写真を撮ったりするだろう。観光とメディアとの密接な関わりは，現代における観光の大きな特徴なのである。

　メディアは，人びとの観光地イメージ，観光実践や経験などにいかなる影響をもたらしているのだろうか。本章では，メディアとの関わりを通して，観光という現象を読み解いていくことにする。

2 観光とメディアをめぐる研究史

2-1　観光のまなざし

　「観光のまなざし」（アーリ & ラースン, 2014）は，観光という現象を理解するうえで重要な概念の一つである。観光のまなざしについて，アーリが繰り返し強調するのは，それがメディアによって視覚的につくられ，強化され，再生産されることである。アーリは『観光のまなざし』（アーリ & ラースン, 2014）のなかで次のように述べている。

　観光のまなざしは，携帯電話の画像や映像技術を通して構成された視覚的映像である。医学的まなざしと同様，近代の観光では視覚的まなざしの権能は，種々の技術，たとえばビデオ，フィルム，カメラ，デジタル画像などと結びつきまたそれらによって発揮されてきた。(アーリ & ラースン, 2014：4)

　このまなざしは，こんどは，写真，絵はがき，映画，ミニチュアなどを通して，しばしば視覚的に対象化され把握されていく。このことでまなざしは，時を超え時間を超えて，果てしなく再生産し再把握をくりかえしていく。(アーリ & ラースン, 2014：7-8)

　このようにアーリは，観光のまなざしの形成におけるメディアの重要性を指摘するが，とりわけ写真が重要な役割をはたしたという。彼は，観光のまなざしは「写真術が発明された 1840 年に誕生した」(アーリ & ラースン, 2014：21) とも述べている。

　観光のまなざしと写真との間の深いつながりについては，近森が次のように説明している。観光のまなざしは「対象をそれが埋め込まれている日常的文脈から切り離して，審美的な対象に仕上げる」(近森, 2014：239) ことを特徴とする。一方の写真も「ある現実から視覚的要素のみを取り出し，他の要素を取捨選択することによって審美的対象を構成するメディア」(近森, 2011：148) であるとされる。要するに，観光のまなざしの特徴とされる脱文脈化と認識上の切り取りという作業は，同時に写真の特徴でもあり (近森, 2014：239)，それゆえに写真は観光のまなざしを物質的に具現化したメディアなのだという (近森, 2011：148)。

2-2　疑似イベント：イメージ[1] と現実

　さらに近森は，写真について，そのイメージが私たちの対象に対するリアリティにも作用していることを指摘する。

---

1) イメージとは，第一義的には私たちが見たり思い描いたりする画像や映像のことである。ただし観光学においてイメージというときには，視覚イメージだけに意味を限定せず，言語学的な情報や価値づけなども含んだ複合的・多面的な「何かについての捉え方」を指す場合も多い。

　写真は現実を忠実に再現するメディアだと考えられているが，その場合，確固
　たる現実がオリジナルとしてまずあり，写真はそれを引き写すコピーであると
　いう見方が前提となっている。けれども写真イメージのほうが，ある種のオリ
　ジナルとして作用し，現実をつくりかえてゆく場合もある。（近森, 2014：240）

　現実そのものよりも，雑誌やテレビ，映画，報告などのメディアによってつく
られたイメージのほうが現実感をもつような現象を「疑似イベント」と呼んだのは，
ブーアスティンである。ブーアスティンは『幻影の時代』（ブーアスティン, 1964）
のなかで，現代社会において疑似イベントが氾濫し，支配的となり，それらが本当
の出来事にとって代わる様相を描き出した。
　ブーアスティンが疑似イベントの典型例と考えたのが観光であった。それによる
と，観光者は，観光地の本当の姿ではなく，映画やテレビなどのメディアによって
つくられた観光地イメージに惹きつけられる。彼らの観光地への興味は，新聞・雑
誌・テレビに出てくる「イメジ」に似ているかどうかを知りたいという好奇心から
生まれるという（ブーアスティン, 1964：126）。観光者は「現実によってイメジを
確かめるのではなく，イメジによって現実を確かめるために旅行をする」（ブーアス
ティン, 1964：127）。そして自分自身の頭のなかにある「イメジ」が遠い国で確か
められたとき，彼らの欲求は満足するのだという（ブーアスティン, 1964：120）。
　ブーアスティンがいうように，観光がメディアによってつくられたイメージを
確認する行為であり，観光者の欲求はそのイメージが確かめられたときに満足する
ならば，観光者はメディアのイメージをただ受動的に受け入れる存在なのだろうか。
彼らの行動はメディアに方向づけられているのだろうか。

2-3　観光地イメージと観光者
　ブルーナーは『観光と文化』（ブルーナー, 2007）のなかで，メディアによってつ
くられたイメージの影響を受ける観光者の様相を紹介している。東南アジアを旅行
したブルーナーは，一緒にツアーに参加した1組の夫婦の家を訪れた。そして他の
参加者たちと，そのときに撮影したスライドを鑑賞したときの様子を次のように書
き記している。

　　旅行に参加した私たち8人は，自分たちのスライドを鑑賞した。印象的なス
　ライドをもっている人がいれば，他の人がその複写を頼んだりしたが，たいて

図 3-1　シドニーのオペラハウスの前で撮影をする観光者たち

雨が降っていても，オペラハウスを訪れて写真を撮ることがシドニー観光の定番なのである。

（2019 年 9 月 17 日，筆者撮影）

いのスライドはよく似ていた。恐らくそれは，皆バスが停車していた時に写真を撮っていたからであり，こうした写真の数々は，共有されていたナラティブによって導かれたものであった。〔中略〕写真が似通ったもうひとつの理由は，ツアー中のナショナル・ジオグラフィックの存在である。これはサリヴァン夫妻が持参し，旅行中私たちの間でまわし読みされた。サリヴァン夫妻は，ナショナル・ジオグラフィックの膨大なバックナンバーを地下室に保管してあり，旅行前には必ずそこで下調べをするのだと私に教えてくれた。（ブルーナー，2007：43）

　アーリも観光のまなざしがメディアによって事前にできあがっていることを指摘したうえで，観光写真について次のように述べている。

　行楽で求められているのは一連の写真的な画像で，それもパンフレット，テレビ，ブログ，交流サイトなどですでに見たことがあるものだ。観光写真の大半は「引用」の儀式なのだ。〔中略〕旅行者は，出かける以前から見ていた画像を自分たちも撮影してきたというのを友だちや家族に見せて，自分たちも本当にそこに行ったのだということを見せびらかすことになってゆく。（アーリ＆ラースン，2014：279）

このようにメディアによってつくられた観光地イメージが観光者たちの写真の手

本になっていると指摘するアーリであるが，他方で「観光社会やメディア組織から観光者への画像の流れを既定のものとして描くことは単純すぎる」（アーリ＆ラースン，2014：290）とも述べている。観光者は，メディアがつくりだした観光地イメージに規定されているのだろうか。

3　視覚からパフォーマンスへ

前節では，「観光のまなざし」や「疑似イベント」などの概念に言及しながら，観光とメディアの関係をみてきたが，そこでは視覚の問題が議論の中心にあったことは否めない。たしかに日本語の「観光」や英語の sightseeing といった言葉においても「みる」という意味合いが強い。しかし視覚中心の議論に対しては，「観光経験の大部分は肉体的・身体的であって，単なる視覚の対象とするのはどうか」（アーリ＆ラースン，2014：293-294）との疑問も投げかけられている。当たり前のことだが，観光とは，多くの場合「みる」だけの活動ではない。こうした批判を踏まえて，近年の観光研究では「パフォーマンス」への注目が高まっている（森，2019）。

パフォーマンスとは，広義には体を使っての行為全般を指すが，狭義にはそれらを観客から見られることを意識し，いわば演者として行うことを意味する。観光におけるホスト（たとえば，観光ガイド）がゲストを楽しませるために「演技をしている」ことはつとに指摘されてきた。ゲストについても，劇場の座席に黙って座っているような受け身の観客ではないという事実に，近年の観光研究は注目している。

『観光のまなざし』の増補改訂版（アーリ＆ラースン，2014）では，パフォーマンスについて論じた章（第8章）が新たに書き加えられたが，ここでは写真行為が中心的な議論の一つに取り上げられている。前節でも言及したように，写真行為は事前につくられたイメージを引用する受け身的な実践とみなされているが，それには「演技する」という側面もある。たとえば，フィルムツーリズムと呼ばれるものがある。これは映画やテレビなどの映像メディアの撮影地となったところを訪れる観光のことであるが，観光者たちは訪れたロケ地で映画やドラマで見たのと同じようなポーズで写真を撮ったりする。このとき，彼らは，必ずしもその場所が景観的に素晴らしいからではなく，その場所が映像において印象的であるからこそ，自分もその場所に身をおくことで，映像の世界を感情的に追体験したいと考えるのだという（中谷，2014：185）。

こうしてパフォーマンスの観点から写真行為をみてみると，それは，旅の経験を

正確に記録したり，保存したりするための手段だけにとどまらないことが明らかとなる。写真を撮る行為そのものが目的であり，観光者たちの楽しみ，さらには彼らの観光経験をつくり出す原動力でもある。

> 通常，撮影行為はその目的（すなわち何枚かの写真）のための手段とみなされている。しかし，演技的様相からみると，これはむしろ転倒する。写真行為は，それ自身が目的でもありえるのだ。写真そのものを否定するわけではないが，演技的様相は，いかに写真行為がそれ自体で，悦楽，創造性，交際の源泉になっているか，そしてこの行為こそがパフォーマンスだということを説明しているのだ。（アーリ & ラースン，2014：323）

　また写真行為は，特定の社会関係をつくりだすとともに，それをも表象する。たとえば，人びとは，カメラのレンズを向けられると，さまざまなポーズをとってみせるだろう。このとき，相手と手をつないだり，肩に手をかけたり，肩を抱いたりしたならば，それは，彼らが友人や恋人，あるいは家族の関係にあることを表現しているかもしれない。アーリとラースンは，こうした写真行為における親密さは，カメラが人びとを一体化させるものであることによって生まれることを指摘するが，それはあくまでも舞台化されたものだという。撮影が終わってしまうと，その親密さは消えてなくなってしまう（アーリ & ラースン，2014：326）。人びとは，カメラの前で友人や恋人，家族であることを「演じる」のである。

　さらに写真行為は，写真を撮影する人／撮影される人の関係にとどまらない。そこには，写真を撮影する様子を見ている人，さらには撮影した写真を将来みるであろう人なども含まれるだろう。特に近年はデジタルカメラ（カメラ機能付きスマートフォン），そして次節で紹介するSNSの普及によって，観光という行為は見せる／見られることから無縁ではいられなくなっている。人びとは，その写真が誰かに見られることを想定して，「映える」写真になるように工夫を凝らしたりする。ホストがゲストに向けて演技するのと同じように，ゲストもホストからいかに見られているのかを気にかけながら行為する。のみならず，同行者，周囲の人間，SNSを見る友人など，さまざまな他者からの「目」を意識する中に，観光における価値や行動の楽しみがつくられているのが今日の観光の特徴なのである。

4 インターネット時代の観光とメディア

　さて，インターネットはいまや私たちの生活になくてはならないものである。そしてインターネットが観光に与えた影響はとても大きい。私たちは，旅行商品やサービス，ホテル，レストラン，航空券などを，インターネットを通じて簡単に予約できるようになった。インターネットからさまざまな観光情報をえることもできる。

　いま，私たちは Web2.0 という時代を生きている。Web2.0 とは，フェイスブック（Facebook）やインスタグラム（Instagram）などの SNS（ソーシャルネットワークサービス）に代表される，利用者間の情報交流システム全般を指し示す概念のことである（井出, 2014：65-66）。従来のいわゆる Web1.0 は，情報提供者が公開・発信した情報を利用者が利用するという情報の一方的な流れが中心であった。それに対して Web2.0 は，情報提供者だけでなく，利用者の側からも情報を発信できるという情報の双方向的な流れを特徴とする。

　このような状況は，観光のあり方を大きく変えている。その一例として観光者たちの旅行商品の生産プロセスへの関与を挙げることができる。これまで観光情報の流れを全面的に支配していたのは，観光業者などの特定の一部の人たちであった。しかし，インターネットなどの発達によって，観光者たちは，インターネットから情報を集めるだけでなく，自ら情報を書き込んだり，更新したり，応答することが可能となった。トリップアドバイザー（Tripadviser）は，その代表的なものの一つである。これは旅行者によるホテルや飲食店，観光施設，観光商品などについてのレビューや価格比較を中心とする世界最大数の閲覧数をもつ旅行口コミサイトである。これまで累計５億件以上の口コミが投稿されている。私たちは，こうした口コミサイトから情報を集めたり，参考にしたり，比較したりすることで，観光業者からの情報を必要とすることなく，自分たちで旅行の計画を立てることができる。

　さらにインターネットなどの発達は，私たちの旅の思い出のあり方も変えている。たとえば，観光地で撮影した写真は，これまではアルバムのなかに整理して並べられ，せいぜい特定の一部の人たちとの間で共有されるにすぎなかった。SNS の登場は，観光地で撮影した写真をウェブ上で整理・分類し，共有することを可能にした。観光写真はいまやグローバルに拡散し，見ず知らずの人たちによっても共有され消費される。このような状況は広範囲な交際関係をつくり，やがては「コミュニティ」や「グループ」と呼ばれる仮想空間の共同体をつくりだす。現在における観

光のパフォーマンスはいまや訪れた場所・時にとどまらず，無限の仮想空間にいる無数の観光者たちに開かれているのである。

5 事例から読み解く観光とメディア

　この節では，ここまでの議論を踏まえながら，具体的な事例に即して，観光とメディアの問題をみてみよう。ここで取り上げるのは，オーストラリア北部のティウィ諸島・バサースト島にあるウルミヤンガ村を訪れる観光ツアー「ティウィ・ツアー」である。この村には，ティウィと呼ばれるアボリジニの人びとが暮らしている[2]。このツアーでは，現地の観光ガイドの案内のもとで，ウルミヤンガ村にあるカトリックの教会や博物館，アートセンターを見学したり，ティウィの人びとによるダンスの公演を鑑賞したりする。ツアーの料金[3]は大人1人あたり349豪ドル[4]である。

　さて，このツアーのパンフレットなどをみてみると，まず読み取れるのは，それ

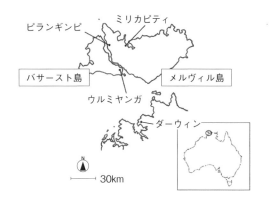

図3-2　ウルミヤンガ村

---

2) アボリジニとは，オーストラリアの先住民である。アボリジニの人口は約59万人で，オーストラリアの総人口のおよそ2.5%を占める（2016年）。アボリジニにはさらに200あまりの言語集団に分類され，ティウィはその一つである。彼らはバサースト島やメルヴィル島からなるティウィ諸島を伝統領域とする。

3) ツアー料金は2019年9月時点。ツアー料金にはダーウィンとウルミヤンガ村を結ぶフェリーの往復運賃120豪ドルも含まれている。

4) 1豪ドルは約74円（2019年9月時点）。

らは，ティウィの多様な姿を描き出して，
それを観光者たちに向けて発信しよう
としていることである。パンフレット
やホームページには，歌ったり，踊った
りするティウィの人びとの姿や，教会
やアートセンターなどの建造物，美術
工芸品，そして美しい景観などの写真
が掲載されている。これらは，このツ
アーのキャッチコピーである Discover
More !! の世界観を体現しているといえ
るかもしれない。

図 3-3　ティウィ・ツアーのパンフレット

　一方で，これらのメディアには，ステレオタイプ化されたアボリジニ・イメージ
も投影されている。パンフレットの表紙を飾るティウィの男性の姿はそれを物語っ
ている。男性は，上半身裸で，肩には投網を担いで，鋭い眼光で海岸にたたずんで
いる。その姿は狩猟採集民としてのアボリジニであったり，アボリジニ男性のたく
ましさを強く印象づけている。この他にも，顔や体にペイントをしたティウィの人
びとや美術工芸品の写真なども掲載されている。これらは典型的なアボリジニ・イ
メージとして広く受け入れられているものである（Zeppel, 1999：24-25）。

　もう一つの特徴として，これらのメディアでは，ティウィの人びとの「陽気さ」
や「明るさ」が強調されていることを指摘できる。たとえば，ホームページには，こ
のツアーを紹介する動画がいくつかアップされているが，その一つは，現地の観光
ガイドが観光者たちに博物館やアートセンターを案内するという内容のものである。
ここに登場するティウィの観光ガイドは，陽気で，明るく，無邪気で，笑顔を絶や
すことのない存在として描かれている。

5-1　観光者たちの写真行為の観察記録

　さて，2019 年 9 月，筆者は，ティウィ・ツアーに参加し，参加者たちの写真行為
を観察した。この時のツアー参加者は，筆者を除くと，男性 4 名，女性 7 名の合計 11
名であった。50 代〜 60 代の男女のカップルが 3 組，40 代の女性 1 名，20 代の女性 2
名で，残りは 40 代の母親と 10 代の息子からなる 1 組の親子である。全員がデジタル
カメラやカメラ機能付きのスマートフォンを持参して，ツアーに参加していた。

　参加者たちは，ツアーの最中，教会やアートセンターなどの建造物を撮影したり，

図3-4　教会の祭壇を撮影する参加者たち
（2019 年 9 月 12 日，筆者撮影）

図3-5　シルクスクリーンの印刷作業を
撮影する参加者たち（2019 年 9 月 12 日，筆者撮影）

美術工芸品，さらには顔や体にペイントをして腰布を身にまとったティウィのダンサーらにしばしばカメラを向けて，写真を撮っていた。これらはいずれもパンフレットやホームページで見たことのあるもので，メディアが参加者たちの写真行為に影響を及ぼしていることをうかがわせる。しかし参加者たちの写真行為を注意深く観察すると，彼らは，必ずしもメディアの影響だけを受けているとはいえない場面にいくつか遭遇した。たとえば，図3-4 は，教会の内部を撮影する参加者たちを写したものである。参加者たちは，観光ガイドからティウィ社会におけるキリスト教の布教の歴史や祭壇の装飾品などの説明を受けた。そして説明が終わると，観光ガイドは「みなさん，もう写真を撮り終えましたか？　まだ写真を撮っていない人は，こっちに来て」と，参加者たちに祭壇の写真を撮るように促したのである。これと同様のことは，アートセンターでも観察できた。参加者たちは，ティウィの男性がシルクスクリーンの印刷作業の様子を黙って見学していたが，印刷の工程にとりかかろうとしたとき，「さあ，どうぞ，写真を撮ってもらっても全然かまいませんよ」と，男性は参加者たちに声をかけた。すると参加者たちは，一斉にカメラを取り出して，男性が印刷の作業をする様子を撮影しはじめたのだった（図3-5）。まさに観光者たちに対して，いつ，どのようなタイミングで，どのような写真を撮るべきかを示唆するなど，観光ガイドらは観光者たちのまなざしを演出しているのである（アーリ & ラースン, 2014：312-315）。

　さらに参加者たちの写真行為は，他のツアー参加者たちからも影響を受けている。図3-6 は，建物の外壁に描かれた絵画を撮影する参加者を写したものである。参加者たちは，観光ガイドに連れられて，アートセンターに向かって歩いていた。そし

図 3-6　建物の外壁に描かれた絵画を
撮影する参加者（1）（2019 年 9 月 12 日，筆者撮影）

図 3-7　建物の外壁に描かれた絵画を
撮影する参加者（2）（2019 年 9 月 12 日，筆者撮影）

て写真にある建物の前を通りかかったとき，写真の女性は，突然足を止めた。彼女はその建物の外壁に描かれた絵画をじっと見つめて，カメラでその壁画を撮影したのだった。このとき，他の参加者たちは，その壁画には目もくれず，さっさとその前を通り過ぎた。観光ガイドにとっても，それは参加者たちにまなざしを向けさせるような対象でもなかった。そのなかで，彼女の行動を気にかけた参加者が 1 人いた。その人物は女性のすぐ前を歩いていた男性で，彼女が壁画の前に立ち止まると，彼も足を止めて，その様子を不思議そうに見ていた。そして女性が撮影を終えて，その場から立ち去ると，男性は自分のカバンの中からカメラ機能付きのタブレットを取り出して，彼女と同じようにその壁画を撮影したのだった（図 3-7）。写真行為はメディアを媒介とした対象との関係からのみ立ち現れるものではなく，それは他者の存在によっても媒介され，影響を受けていること，すなわち写真行為が「関係論的」な実践でもあることを（アーリ & ラースン，2014：311），このエピソードは私たちに教えてくれるのである。

5-2　旅の思い出を語る，共有する

　旅行口コミサイトのトリップアドバイザーには，これまでティウィ・ツアーに参加した人たちからのツアーに対する口コミが投稿されている。2020 年 1 月時点の投稿数は 32 件である。投稿者からのツアーの評価は 5 段階評価のうち 5 点が 20 件，4 点が 8 件，3 点が 1 件，2 点が 1 件，そして 1 点が 2 件で，平均すると 4.5 点の評価である。

　ここに投稿された口コミをみると，今後このツアーに参加するうえで参考になる

情報が投稿されている。特に多いのが食事や交通手段，料金についての投稿である。現地に向かうフェリーの移動時間や乗り心地，ツアーの食事内容，そしてどのようなことに，どれくらいの現金を使ったのかなどの情報が具体的に寄せられている。

　さらにこのサイトには，投稿者たちがツアーで実際に体験したことや，それに対する感想や意見なども書き記されている。たとえば，次のような投稿があった。

　　現地の人たちとのTシャツづくりは，私にとっての一生の思い出となりました。夢のような1日でした。（投稿日 2019 年 10 月）

　　村のいたるところに，ビニール袋やペットボトル，ゴミが散乱し，旅行者にとっても，アボリジニの人々にとっても，それは良いことだとは思いませんでした。（投稿日 2019 年 7 月）

　　以前からツアーでティウィ諸島を訪れてみたいと思っていました。実際に訪れてみると，想像以上に素敵なところでした。私たちのツアーガイドであったケビンは，ティウィの文化のことをよく知っており，とても楽しい経験になりました。（投稿日 2019 年 7 月）

　これらの投稿は，投稿者たちのツアーでの印象深い思い出として読み取ることができる。旅行口コミサイトは，旅行者たちの旅の思い出のアーカイブスなのでもある。そしてその思い出は，インターネットを通じて発信され，拡散し，見ず知らずの人たちによって閲覧され，共有され，消費される。最後の投稿記事に登場するケビンは，筆者がツアーに参加したときの観光ガイドであった。この投稿を読みながら，筆者の記憶のなかからそのときの光景が鮮明によみがえり，その思い出に浸ったのだった。

6 おわりに

　観光という現象は，観光地のイメージが事前に形成されていることを必要とする。そのイメージを形成するのが，パンフレットやガイドブック，写真，映画，テレビなどのメディアである。人びとの観光実践は，観光地＝メディア＝観光者の関係のあり方に規定されている。

　メディアのあり方は，時代とともに日々変化しているが，21 世紀に入ってその動きは特に目覚ましいといえるだろう。誰もがデジタルカメラを持ち，インターネットで情報を発信し，ネット上で交流できるようになった今日，メディアと人びととの関係はかつてのように一方的に情報を伝える／受け取るというものではなくなった。メディアのあり方の変化は，人びとの観光実践や経験，社会関係を大きく変えようとしている。

　さて，Web2.0 時代における観光者同士の交流や情報流通は，フェイスブックなどに代表される中央集権的な巨大プラットフォーム上で展開されてきたが，そうしたプラットフォームからの逸脱が志向されはじめるなど，Web3.0 時代の到来を予感させている。また最近では VR（ヴァーチャル・リアリティ）観光なるものも登場している。人びとは実際に観光地に出かけることなく，仮想現実のなかで観光を疑似体験できるのだという。2020 年に猛威をふるった新型コロナウイルスの感染予防により観光者たちを受け入れられなくなった観光地でこうしたサービスの提供が試みられている。かつてはメディアだったものが，観光パフォーマンスそのものとなる。それは，人びとの観光実践や経験，社会関係だけでなく，観光という概念そのものを問い直すことにつながるかもしれない。メディアのさらなる変化は，これからの観光のあり方にいったいどう影響してくるのだろうか。

【引用・参考文献】

アーリ, J., & ラースン, J.／加太宏邦［訳］(2014).『観光のまなざし〈増補改訂版〉』法政大学出版局（Urry, J., & Larsen, J.(2011). *The tourist gaze 3.0.* London: Sage.)

井出　明 (2014).「情報学の視点」大橋昭一・橋本和也・遠藤英樹・神田孝治［編］『観光学ガイドブック──新しい知的領野への旅立ち』ナカニシヤ出版, pp.64–69.

近森高明 (2011).「写真」安村克己・堀野正人・遠藤英樹・寺岡伸悟［編］『よくわかる観光社会学』ミネルヴァ書房, pp.148–149.

近森高明 (2014).「写真」大橋昭一・橋本和也・遠藤英樹・神田孝治［編］『観光学ガイドブック──新しい知的領野への旅立ち』ナカニシヤ出版, pp.238–241.

中谷哲弥 (2014).「フィルムツーリズム」大橋昭一・橋本和也・遠藤英樹・神田孝治［編］『観光学ガイドブック──新しい知的領域への旅立ち』ナカニシヤ出版, pp.184–187.

ブーアスティン, D. J.／星野郁美・後藤和彦［訳］(1964).『幻影の時代──マスコミが製造する事実』東京創元社（Boorstin, D. J.(1962). *The image: A guide to Pseudo-events in America.* New York: Harper and Row.)

ブルーナー, E. M.／安村克己・遠藤英樹・堀野正人・寺岡伸悟・高岡文章・鈴木涼太郎

［訳］（2007）.『観光と文化――旅の民族誌』学文社（Bruner, E. M.（2005）. *Culture on tour: Ethnographies of travel*. Chicago, IL: University of Chicago Press.）

森　正人（2019）.「パフォーマンス」遠藤英樹・橋本和也・神田孝治［編］『現代観光学――ツーリズムから「いま」がみえる』新曜社, pp.111-119.

Zeppel, H.（1999）. *Aboriginal tourism in Australia: A research bibliography*. Gold Coast: CRC for Sustainable Tourism.

第4章

真 正 性
観光における本物らしさという価値

【基本概念】
真正性（演出された真正性，客観的真正性／構築的真正性／実存的真正性），観光文化，疑似イベント，表舞台／裏舞台，ポスト・ツーリスト，真摯さ

奈良雅史

1 はじめに：観光における本物らしさと観光文化

　私が2004年から調査を続けている中国雲南省は中国のなかでも少数民族が多い地域として知られ，その文化は雲南省における重要な観光資源となってきた。しかし，雲南省は山がちな地域で，観光者がアクセスしにくい地域に居住している少数民族も少なくない。そうしたなか，1992年，雲南省の政治経済の中心である昆明市において民族テーマパーク「雲南民族村」が開業した（図4-1）。こうした民族テーマパークの建設は，中国政府による少数民族の文化を資源とする民族観光開発を通じた少数民族地域における貧困対策と地域振興に位置づけられる（e.g. 曽, 2001）。そこでは雲南省に暮らす25の主な少数民族の再現された伝統的な家屋や街並み，宗教施設などが展示されている。観光者はそこで伝統衣装を着た人びとと，彼／彼女らによる踊りや儀礼を見学することができる。

　雲南民族村は昆明市の郊外にある観光レジャー地区に建設された。その面積は約0.89平方キロメートル（東京ドーム約19個分）と広大である。ここで行われる歌や踊り，儀礼などのパフォーマンスには国家レベルあるいは省レベルで認定を受けた30以上の無形文化遺産が含まれる。さらに雲南民族村は中国政府から国家AAAA級観光地として認められている。中国政府は観光地を5段階で評価している。AAAAA

図4-1　雲南民族村の入り口
(2016年9月5日，筆者撮影)

図 4-2　雲南民族村のお土産屋
（2016 年 9 月 5 日，筆者撮影）

図 4-3　雲南民族村における少数民族の様子
（2016 年 9 月 5 日，筆者撮影）

級が最高でそこには万里の長城などといった UNESCO 世界遺産に認定されているような観光地が含まれる。雲南民族村はそれに次ぐ評価を与えられているのだ。

　雲南民族村には 90 元（日本円にして約 1500 円）のチケットを購入して中に入る。そのエントランスの前にはお土産屋が建ち並び，賑わっている。そこでは「少数民族らしい」意匠をこらしたバッグやアクセサリーなどの小物や民族衣装，民族楽器，少数民族や彼／彼女らの暮らす伝統的な街並みを写したポストカードなどに加え，中国の少数民族とは直接関係しないジャンベのようなアフリカの打楽器も売られている（図 4-2）。

　こうしたお土産屋街を抜けて中に入ると，園内では少数民族ごとのエリアが設けられており，各少数民族の伝統的な家屋，あるいは寺院，仏塔，モスクなどといったその少数民族を代表する宗教施設などが配置されている。そうした建物の周辺やその中では民族衣装をまとった人たちが楽器を演奏したり，手持無沙汰にしていたりする（図 4-3）。観光者はそれぞれの少数民族のエリアで，追加料金を支払うことでその少数民族の民族衣装を着て記念撮影を行うことができる。また，雲南に暮らす少数民族の伝統的な料理を提供するレストランも併設されており，観光者はそこで食事をとることもできる。

　これらの施設を見て回っていると，特定の少数民族による舞踊や儀礼のパフォーマンスの開始を知らせるアナウンスが施設内に流れる。その後，施設内の広場で，その民族の伝統的な舞踊や歌，刃物でできたはしごを登るなどといった儀礼が披露される。こうしたパフォーマンスは一日に何度か行われる。また，このようなパフォーマンスの他にも，夏季には通常は閉園している夜間も営業が続けられ，かが

り火をたいて歌や踊りを披露する「かがり火の夕べ」といった民族文化と直接的には関係しない活動も行われている。そして閉園時間を迎えると施設内にいた伝統衣装をまとった人びとも伝統衣装からTシャツやジーンズなどに着替えて家路に就く。

　雲南民族村の公式ホームページではこの施設は開業以来「生き生きとした活気のある形態で雲南の各民族の建築芸術，歌舞と衣装，文化的雰囲気，宗教信仰と生活習慣を展示してきた」と明記されている。雲南民族村で展示されている25の少数民族のなかには，上述のように交通インフラが必ずしも十分に整備されていないアクセスしにくい地域に暮らしている者も多い。そのため，ここを訪れる観光者のなかには一度に多くの民族文化を理解することができて満足する者も少なくないかもしれない。しかし，その一方で，この施設で展示されている文化はあくまで「観光者向け」に商業化されたものであり，「本物」ではないと不満をもつ観光者もいるかもしれない。さらには，「本物」の少数民族文化を求めて，少数民族が暮らす村にまで足を延ばす者もいるかもしれない。

　こうした観光者の行動に現れるかもしれない差異は，観光対象につきまとう「胡散臭さ」に起因する。橋本は多様な要素から成る今日的な観光の特徴を論じるうえで，観光を「(観光者にとっての) 異郷において，よく知られているものを，ほんの少し，一時的な楽しみとして，売買すること」(橋本, 1999：55) と定義した。そのうえで，こうした観光の場で形成される「観光文化」を「観光者の文化的文脈と地元民の文化的文脈とが出会うところで，各々独自の領域を形成しているものが，本来の文脈から離れて，一時的な観光の楽しみのために，ほんの少しだけ，売買される」(橋本, 1999：55) ものとして位置づけた。これらの定義にもとづけば，観光対象には必然的にある種の「胡散臭さ」が伴うこととなる。

　雲南民族村で展示される少数民族文化も，彼／彼女らが生活する環境から切り離され，入園料を支払った観光者によって一時的にそれを楽しむために消費されている。多くの場合，それはやはり「本物」の少数民族文化とはみなされないだろう。たとえば，雲南省に暮らす少数民族の伝統家屋を調べることになったとして，多くの人は雲南民族村に行って復元された伝統家屋を調査しようとはしないにちがいない。その場合，おそらくほとんどの人は実際に少数民族が暮らす村に行って「本物」の伝統家屋を調査しようと考えるだろう。

　観光研究においては，観光者がこうした観光対象につきまとう「胡散臭さ」とどのように付き合っているのかということが重要な問題の一つとして議論されてきた。そこで焦点を当てられてきたのが「真正性 (authenticity)」という概念である。

2 真正性とは

「真正性」は「伝統文化と起源，本物であることやリアルであること，他に類を見ないことといった意味を包含する」（Sharpley, 1994：130）概念とされる。言い換えれば，ある対象の「本物らしさ」ということになるだろう。

真正性をめぐる議論の嚆矢となったのは，ブーアスティンによる「疑似イベント（Pseudo-events）」論である（ブーアスティン, 1964）。ブーアスティンは，旅（travel）との対比において観光（tourism）を「疑似イベント」と位置づけた。ブーアスティンによれば，「旅」は自発的で危険に満ちたプロセスである。「旅」の例として，ブーアスティンは17, 18世紀のヨーロッパにおける貴族子弟のグランド・ツアーを挙げる。インフラが十分に整っていなかった時代にさまざまな危険に晒されながら貴族子弟はヨーロッパ諸国を遊学し，各地で政治家や芸術家などと交流をもったり，放蕩に耽ったりしながらさまざまな経験をして教養を深めたとされる。それに対して，マス・ツーリズムにその特徴が表れているように，「観光」は旅行会社が企画した商品であったり，観光ガイドが随伴して現地を案内してくれたりと計画的で偶発性に欠けるものであるとされる。そこでは観光者は旅行雑誌やガイドブックなどから事前に得られたイメージを消費するにすぎないとみなされる。ブーアスティンにとって，能動的に経験や冒険を探求する旅行者と異なり，観光者は巧みにつくりあげられた「疑似イベント」に満足する人たちなのだ（ブーアスティン, 1964：118）。

ブーアスティンの議論にもとづけば，前節で取り上げた雲南民族村のように人工的に作られた施設での観光は疑似イベントと分析できるだろう。さらに，こうした「まがいもの」の施設を見学し，それで雲南の少数民族について理解できたと満足する人びとは観光者と位置づけられるだろう。しかし，先述のようにその一方で「疑似イベント」には満足できず，「本物」の民族文化を求めて，少数民族の暮らす村まで足を延ばす観光者もいるかもしれない。観光者を「疑似イベント」で観光欲求が満たされる人たちとして論じたブーアスティンに対して，こうした「真正性」の探求に焦点を当てたのがマキァーネルである。

マキァーネルは観光者を「真正性」を探求する人びとと位置づける（マキァーネル, 2012）。マキァーネルはゴッフマンの「表舞台」「舞台裏」という枠組みを援用して（ゴッフマン, 1974），観光者は「表舞台」としての疑似イベントに満足するだけではなく，その「舞台裏」を覗こうとするのだと論じる。たとえば，観光者はレストランでその土地の料理を楽しむことだけでは満足せず，料理人の調理過程が見えるレ

ストランで食事をする際にリアリティを経験するのだとされる。しかし，オープン
キッチンのレストランは調理風景を客に見せることを意図して設計されており，こ
うしたキッチンも真正な舞台裏ではない。マキァーネルはこのように人為的に演出
された舞台裏を「演出された真正性（staged authenticity）」と呼ぶ。ここで観光者
は真正性を求めながらもそこには必ずしもたどり着けない者とされる。マキァーネ
ルは「観光的意識は，真正な経験を求める願望によって喚起され，観光者は自らがそ
うした方向性で動いていると信じているようだが，その経験が実際に真正かどうかは，
たいてい分からないのが確実なところである。常に起こりうるのは，舞台裏の入り
口に連れて行かれたのが，実は観光者の訪問用に予め設定された表舞台の入り口で
ある，ということだ」（マキァーネル，2012：121）と論じる。再び，先の雲南民族村の
例に話をもどせば，雲南民族村における少数民族文化の展示に満足できない観光者が，
実際に少数民族が暮らす村を訪れ，そこで行われる儀礼を見学したとしても，それも
観光者向けに演出されたステージにすぎないかもしれないということだ。

　ブーアスティンとマキァーネルは，観光者が真正性を求めるかどうかという点で
観光者の観光への態度に対する視座は異なるが，どこかに「本物」があることを前
提としている点では同じ地平に立っている。観光が「疑似イベント」だとするブー
アスティンの議論は，まさに「疑似」という用語に示されるように，「疑似」ではな
い「本物」のイベントがあることを前提としている。一方で，マキァーネルも観光
者が真正性を求めながらも「演出された真正性」にしかたどり着けないと論じると
き，そこには常に観光者に隠された「舞台裏」があることを前提としている。

　再び雲南の少数民族に話をもどそう。雲南民族村では雲南省に暮らす 25 の主な少
数民族の文化が展示されている。しかし，中国における民族カテゴリーは，中国共産
党の民族政策で決められたものであり，25 の少数民族という前提自体が本質的なも
のではない。さらに，たとえば，中国政府は 2000 年以降，「西部大開発」と呼ばれる
雲南省を含む中国西部のインフラ整備などからなる開発プロジェクトを進めてきた
（波平，2004）。その結果，山地に暮らす少数民族のなかにも都市部に出稼ぎに出る者
が増えている。また現在，少数民族の多くは必ずしも日常的に民族衣装を着用するわ
けではない。加えて，民族衣装の材料に工場で大量生産された布が使用されることも
多くなっている（宮脇，2017）。これらを踏まえると，ブーアスティンやマキァーネル
が前提とするような「本物」の少数民族文化あるいは「舞台裏」はどこにもないかも
しれない。それでは真正性はどのようなものとして捉えることができるだろうか。

3 真正性に対するいくつかの見方

3-1 客観的真正性

　ワンは真正性として一括りに論じられる傾向にあったそれまでの議論を整理して，真正性を三つの類型——客観的真正性（objective authority），構築的真正性（constructive authenticity），実存的真正性（existential authenticity）——に分類した（Wang, 1999）。その一つが，人びとが真正だと感じるかどうか（主観的な経験）と関係なく，観光対象に真正性が存在するとみなすという意味で「客観的真正性」と呼ばれるものである。それはブーアスティンやマキァーネルの議論に示されるように，観光者が経験しうるのは「疑似」あるいは「演出された」ものにすぎないが，どこかに「本物」の文化があってそこから人びとは「本物」の経験を得られるという前提に立つアプローチである。

3-2 構築的真正性：冷たい真正化／熱い真正化

　しかし，真正性を所与の前提とする議論には先述のように再考の余地がある。そのため，こうした議論に対する批判も展開されてきた。その一つはワンが「構築的真正性」と呼んだ，真正性の構築的側面に焦点を当てる視座である。たとえば，コーエンは「「真正性」は社会的に構築される概念であり，また（哲学的というより）社会的なコノテーションであり，それゆえに所与のものではなく，「交渉可能な」ものである」（Cohen, 1988：374）と真正性を位置づけた。社会的に構築されるとはどういうことか，冒頭の事例に立ち返って考えてみよう。

　上述のように雲南民族村は，中国政府が少数民族の多く暮らす雲南省における観光資源として民族文化を売り出す目的で計画された民族テーマパークである。この施設は異なる地域に居住する 25 の少数民族の文化を集めて展示しており，その意味できわめて人工的な空間である。そのため，先述のように雲南民族村は「疑似イベント」や「演出された真正性」といった概念で分析できるだろう。

　しかし，その一方で，上述のように雲南民族村は中国政府から観光施設としてのお墨付きを与えられている。また，この施設で展示される少数民族文化には国家が無形文化遺産として認定したものも含まれている。そうすると，この民族テーマパークはきわめて人工的な空間であるにもかかわらず，中国政府公認の「本物」の少数民族文化を展示するという意味では真正性を帯びているともいえる。コーエンらはこうしたプロセスを「冷たい真正化」と呼んだ。冷たい真正化とは，国家や

UNESCO などの国際機関，専門家など社会的に権威が認められるアクターによって，制度的，学術的に観光対象に真正性が与えられるプロセスを指す（Cohen & Cohen, 2012：1298–1300）。

　これに対して，社会的に必ずしも権威をもつわけではない人びとによって観光対象に真正性が与えられるプロセスは「熱い真正化」と呼ばれる。熱い真正化は，科学的な知識や証拠にもとづく冷たい真正化とは異なり，人びとのある場所やイベントに対する信念やそれに関わる実践が観光対象に真正性を与えるプロセスである（Cohen & Cohen, 2012：1300–1303）。雲南民族村では先述のように夏になると「かがり火の夕べ」というイベントが行われている。これ自体は必ずしも何らかの民族文化にもとづくものではない。しかし，普段は閉園している時間に入園し，かがり火が灯された環境下で少数民族の歌や踊りを見学することは観光者にとってより特別な価値をもつものとなるかもしれない。もしもこのイベントが今後も毎年続けられ，このイベントこそが少数民族文化をより深く経験できる機会であるとして，それを楽しみにする人びとが現れるようなことがあれば，この民族文化と無関係であったイベントが雲南民族村に真正性を与える可能性もあるのだ。

　ただし，これら二つの真正化のプロセスは必ずしも対立的なものではなく，むしろ相互に促進する関係にあるとされる。たとえば，コーエンらはそうした事例として，タイにおいてオフィシャルに建てられた過去の国王の記念碑を取り上げる。こうした記念碑はしばしば人びとの尊敬の念を集め，花輪やその国王が評価したとされるものなどが捧げられることで真正化されていくという（Cohen & Cohen, 2012：1304–1306）。

　このようにある観光対象の真正性はそれ自体に内在する属性として存在するのではなく，さまざまなアクターの間で交渉され，そのプロセスのなかで漸進的に現れてくるものだといえる（Cohen, 1988：379–380）。その際，熱い真正化において人びとの信念や実践が重要な役割をはたしているように，真正性には観光者が観光地においてどのような経験をするのかが大きく関わっている。こうした観光者の経験としての真正性のあり方に焦点を当てる概念が「実存的真正性」である。

3-3　実存的真正性

　先に述べたように，客観的真正性を前提とする議論においては，「本物」にたどり着けない観光者は「本物」の経験を得られないとみなされる。そこでは観光者がど

のような経験をするかは度外視される。それに対して，構築的真正性には，ある観光対象の真正性はそれを制度的，学術的に認定する諸アクターだけではなく，それに関わる人びとの信念や実践も大きく関わる。こうした人びとの観光をめぐる経験に焦点をあてるのが「実存的真正性」と呼ばれるものである。ワンによれば，実存的真正性は観光対象のもつ属性としての真正性とは異なり，観光対象が「本物」かどうかということには関係しないものだとされる。ワンの言葉を借りると，観光者は観光活動を通して「存在の実存的状態」に没頭することができ，こうした経験に実存的真正性が見出されるという（Wang, 1999：359）。わかりやすくいえば，観光を通じて人びとは「本当」の自分としての経験を得られるということだ。ワンはこの実存的真正性は，個人内（intra-personal）の真正性と対人関係（inter-personal）の真正性という二つの次元に分けて考えることができるという。

　個人内の真正性については，観光活動を通して日々の労働で身体に課せられる管理統制から解放される「身体感覚」，ルーティン化した日常生活における喪失感を埋め合わせるための本当の「自己の形成」が挙げられる。前者についてはビーチで休暇を過ごす際の開放的な身体感覚，後者については登山客が登山を通して困難に挑戦することで新しい自己を形成することが例として挙げられる（Wang, 1999：361–364）。

　対人関係の真正性については，第一に観光を通じて強化される「家族の絆」が挙げられる。現代人にとって家族は「真性な自分」を経験しうる主な私的領域であるとされる。そのため，観光は単に娯楽的なものではなく，家族関係における真正なつながりを経験する機会となるという（Wang, 1999：364）。第二に，「観光的コミュニタス」が挙げられる。「コミュニタス」はターナーが，通過儀礼において生じる境界状況（リミナリティ）の特徴として論じたものである。そこでは日常の秩序から解放され，地位や役割があいまいな状態となり，人びとの間に平等で連帯的なつながりが生まれるとされる（ターナー, 1976）。こうした混沌とした状況がコミュニタスと呼ばれる。観光人類学では，日常から離れ，非日常を経て，日常へと再統合されるプロセスを経るという点で，観光と通過儀礼との共通性が早くから指摘されてきた（e.g. グレイバーン, 2018）。ワンによれば，観光という境界状況において観光者たちは日常生活における社会的地位などから解放され，友好的で真正な関係を築くことができ，そこで彼／彼女らは実存的真正性を経験しうるのだという（Wang, 1999：364–365）。

　ややわかりにくいかもしれないので，改めて雲南民族村の例に立ち返って考えてみよう。先述のように雲南民族村では毎日何度か少数民族による歌や踊りなどのパ

フォーマンスが実施されている。その際，最後にはパフォーマーである少数民族たちが観光者たちに声をかけて一緒に踊り，大団円を迎える（図4-4）。たとえば，その観光者が日ごろデスクワークの多い会社員であれば，体を動かして踊ることによって非日常的な身体感覚を経験しうるかもしれない。さらに家族で来ている人たちであれば，家族で一緒に踊ることでその絆がより深まるかもしれない。また，図4-4に示されるように，

図4-4　踊りに参加する観光者たち
（2016年9月5日，筆者撮影）

その参加者たちの社会的地位に関係なく，円形になって踊るとき，彼／彼女らの間に友情のようなものが生まれるかもしれない。

　しかし，実際には上述の「自己形成」としての実存的真正性を雲南民族村に見出すのは難しい。さらに，ここで「かもしれない」という控え目な表現を採用したように，そのほかの実存的真正性についても民族テーマパークの観光者にとっては想定しにくい部分がある。たとえば，ディズニーランドに行って，観光者と従業員の間に友情が芽生えることはおそらくきわめてまれであろう。こうした実存的真正性をめぐる違和感は，ワンもここまで概観してきた真正性の議論と同様に観光者は真正性を求めているという前提に立っていることと関係する。橋本が指摘するように，ワンは「観光者を「真正性の求道者」のごとく扱っている」（橋本，2011：233）のだ。以下では橋本による真正性概念への批判を踏まえ，真正性をめぐる議論の拡がりについて考えたい。

4　おわりに：真正性と真摯さ

　ここまで概観してきたように真正性をめぐる議論は，観光者が真正性の探求者であるということを前提とする傾向にある。しかし，バリ島において自身もツアーガイドとして参加しながら調査を行い，アメリカ人ツアー団体が観光対象に何を求めているのかを明らかにしたブルーナーの研究はそうした前提に対する批判を喚起する（ブルーナー，2007：281-308）。彼はバリ島において演舞劇を鑑賞した観光者たちの演舞劇に対する評価が，それが真正かどうかではなく，それがよい演技であるかどうかと

いう基準においてなされることを指摘した。そのうえで「オーセンティシティの課題は，観光研究の文献で過大視されてきた」（ブルーナー，2007：305）と論じる。

　アーリとラーソンは「観光のまなざし」の変化を論じるなかで，このように真正性を問題としない観光者を「ポスト・ツーリスト」と呼んでいる。ポスト・ツーリストは「自分たちが観光者であり，観光はゲームの連続だということ，観光は多種多様なテクストをともなっていて，唯一とか正統な観光体験など一切ないということを知っている」（アーリ & ラーソン，2014：178）とされる。つまり，観光者は「疑似イベント」や「演出された真正性」にだまされる愚か者では必ずしもなく，むしろそれを「つくりもの」だと知ったうえで楽しんでいるのだ。しかし，観光者にとって真正性が問題でないとするならば，彼／彼女らにとってどのような観光が意味をもつものとなるのかという問いが浮かび上がる。

　また，ここまで概観してきた真正性をめぐる議論に示されるように，真正性は観光対象のもつ属性，あるいは観光者にとっての経験の問題として議論される傾向にあった。そのため，橋本は「観光者がどういった観光に満足するのか」という問いに加え，「地元住民にとっての真正性」（橋本，2011：213）がいかなるものであるのかを検討すべきだと指摘する。後者に関して，橋本はアートプロジェクトなどに伴い地域にもたらされた外来の要素や地域で発見，創造された文化資源を地元住民たちが受け入れ，「地域文化」として育んでいく過程を「地域化」と呼び，そこに地元住民にとっての真正性を看取する（橋本，2018）。こうした地元住民にとっての真正性のあり方と，観光者によって経験される真正性のあり方とを架橋する概念として，テイラーの提示した「真摯さ（sincerity）」が挙げられる。

　テイラーは真正性が観光地としての価値を生み出すうえで重要なものであると認めたうえで，真正性をめぐる議論が観光者の経験や地元住民によるローカルなアイデンティティの表明を否定的に評価することにつながってきたと指摘する。そのうえで，真正性に加えて，観光者と地元住民の相互作用に焦点を当てるための概念として「真摯さ」に着目する（Taylor, 2001：8-9）。テイラーはニュージーランドのマオリたちによる観光事業を取り上げ，彼／彼女らが観光者のステレオタイプに則った植民地化以前の「伝統的な」文化的パフォーマンスを上演するだけでなく，マオリのコミュニティに観光者を迎え，現地のマオリとの間でのコミュニケーション体験を推進してきたと論じる。後者においてマオリたちは観光者に対して今を生きる自分たちの文化について「真摯」に訴え，それが観光者にとっての観光経験を豊かなものにするのだという（Taylor, 2001：22-24）。

　橋本は，観光者はワンのいうような実存的真正性を求めているわけでは必ずしもなく，「「自分なりに納得のいく」「ものがたり」を求めているというべき」（橋本，2011：240）であるという。さらにその「ものがたり」を真正なものにするのがテイラーのいう観光現場での地元住民とのコミュニケーションにおいて生起する「真摯さ」であると論じる（橋本，2011：241）。これは先述のブルーナーの事例とも響き合う。「伝統」に照らし合わせて真正な演舞劇かどうかよりも，パフォーマーたちの上演に対する「真摯な」姿勢が観光者にとっての評価基準になりうるのだ。

　ここには先述したコーエンたちにより提示された「熱い真正化」のモーメントを看取することができる。観光者と地元住民との間での「真摯な」コミュニケーションによって「真正なものがたり」が生み出されると，それは SNS などさまざまなメディアを通して観光に対するさらなる願望を喚起しうる（e.g. アーリ & ラースン，2014：180-182）。コーエンらが指摘するように，それが蓄積されていくとすれば，観光対象の真正化を促す可能性がある（Cohen & Cohen, 2012）。

　こうしたプロセスは真正性を考えるうえで重要である。真正性が「真摯さ」という真正性とは異なる領域から生み出されることを意味するためだ。ブルーナーのいうように観光者が真正性を問題としないとしても，彼／彼女らが観光対象を真正性とは異なる評価軸で評価することが真正性を生み出していくこともありうるのだ。そうだとすれば，真正化のプロセスを明らかにするためには，観光対象や観光現場でのコミュニケーションだけではなく，それらを含めた観光者および地元住民を取り巻くより広い社会的状況に目を向ける必要がある。これはアーリたちによる観光者の「観光のまなざし」が社会的に構成され制度化されたものだという指摘とも関連する（アーリ & ラースン，2014：2-5）。また，観光現場における地元住民による自文化に関する訴えの「真摯さ」も同様に社会的に構成されたものだといえるだろう。

　雲南民族村でパフォーマーとして働く少数民族たちが観光者に対して「真摯」に自文化について訴えるとすれば，それが観光者に真正な観光体験をもたらすこともあるかもしれない。そこから真正性が生み出されるプロセスを明らかにしようとするならば，少数民族たちが私服に着替えて民族村を出た先に広がる彼／彼女らの世界を理解するところから始める必要があるだろう。

【引用・参考文献】

アーリ, J., & ラースン, J. ／加太宏邦［訳］（2014）．『観光のまなざし〈増補改訂版〉』法政大学出版局（Urry, J., & Larsen, J.（2011）. *The tourist gaze 3.0*. London: Sage.）

グレイバーン, H. H. N. ／土井清美［訳］（2018）．「観光──聖なる旅」スミス, V. L.［編］／市野澤潤平・東賢太朗・橋本和也［監訳］『ホスト・アンド・ゲスト──観光人類学とはなにか』ミネルヴァ書房, pp.25–46.（Graburn, H. H. N.（1989）. Tourism: The sacred journey. In V. Smith（ed.）, *Hosts and guests: The anthropology of tourism*（2nd edition）. Philadelphia, PA: University of Pennsylvania Press, pp.21–36.）

ゴッフマン, E.／石黒 毅［訳］（1974）．『行為と演技──日常生活における自己呈示』誠信書房（Goffman, E.（1959）. *The presentation of self in everyday life*（Revised edition）. New York: Doubleday.）

曽士才（2001）．「中国における民族観光の創出──貴州省の事例から」『民族学研究』66（1）: 87–105.

ターナー, V. W.／冨倉光雄［訳］（1976）．『儀礼の過程』思索社（Turner, V. W.（1969）. *The ritual process: Structure and anti-structure*. Chicago, IL: Aldine Publishing.）

波平元辰（2004）．『雲南の「西部大開発」──日中共同研究の視点から』九州大学出版会

橋本和也（1999）．『観光人類学の戦略──文化の売り方・売られ方』世界思想社

橋本和也（2011）．『観光経験の人類学──みやげものとガイドの「ものがたり」をめぐって』世界思想社

橋本和也（2018）．『地域文化観光論──新たな観光学への展望』ナカニシヤ出版

ブーアスティン, D. J.／星野郁美・後藤和彦［訳］（1964）．『幻影の時代──マスコミが製造する事実』東京創元社（Boorstin, D. J.（1962）. *The image: A guide to Pseudo-events in America*. New York: Harper and Row.）

ブルーナー, E. M.／安村克己・遠藤英樹・堀野正人・寺岡伸悟・高岡文章・鈴木涼太郎［訳］（2007）．『観光と文化──旅の民族誌』学文社（Bruner, E. M.（2005）. *Culture on tour: Ethnographies of travel*. Chicago, IL: University of Chicago Press.）

マキァーネル, D.／安村克己・須藤 廣・高橋雄一郎・堀野正人・遠藤英樹・寺岡伸悟［訳］（2012）．『ザ・ツーリスト──高度近代社会の構造分析』学文社（MacCannell, D.（1999）. *The tourist: A new theory of the leisure class*（3rd edition）. Berkeley, CA: University of California Press.）

宮脇千絵（2017）．『装いの民族誌──中国雲南省モンの「民族衣装」をめぐる実践』風響社

Cohen, E.（1988）. Authenticity and commoditization in tourism. *Annals of Tourism Research, 15*(3): 371–386.

Cohen, E., & Cohen, S. A.（2012）. Authentication: Hot and cool. *Annals of Tourism Research, 39*(3): 1295–1314.

Sharpley, R.（1994）. *Tourism, tourists and society*. Huntingdon: ELM Publications.

Taylor, J. P.（2001）. Authenticity and sincerity in tourism. *Annals of Tourism Research, 28*(1): 7–26.

Wang, N.（1999）. Rethinking authenticity in tourism experience. *Annals of Tourism Research, 26*(2): 349–370.

第5章

伝統の創造

本質主義と構築主義を巡るせめぎ合い

【基本概念】
本質主義／構築主義，伝統文化，オリエンタリズム，伝統の創造，文化の客体化／商品化，戦略的本質主義，文化の売春

福井栄二郎

1 はじめに

　長らくの間，「文化」というものは，ある集団の人たちにとって固有の属性だと考えられていた。時間の流れのなかでも変化しない，固有で真正な伝統文化が，ある集団には備わっており，文化人類学者の仕事はこの本質的な文化を正確に掬い取って記述することであった。この考え方を「本質主義（essentialism）」という。

　他方，1980年代以降，人文学・社会科学に「構築（構成）主義（constructionism）」が興隆する。それまで自然で本質的だと思われていた文化が，実は特定の文脈のもとで創られたものであるとする考え方である。文化人類学にとって，これは大きな転換点であった。また本書との関連でいうと，アーリの「まなざし論」（第3章で詳述，序章も参照）など観光学に与えた影響も大きい。

　本章は「伝統文化」が構築されるという議論と，それに付随する諸問題について解説する。取り急ぎここで確認しておくべきことは，一口に「伝統文化」といってもさまざまなレベルがあるということだ。まず第1のレベルは，日常生活において身体化されたレベルである。「慣習」「習俗」「慣例」と言い換えてもよい。異文化に赴いた文化人類学者は，長期間のフィールドワークのなかで，このレベルの「伝統文化」を体得することになる。そして第2のレベルは「政治」のレベルである。次節で述べるのは，いわば「慣習」から「政治」への移行であるともいえる。そして第3のレベルが，観光で問題となる「商品」のレベルである。本章後半ではこの点について考えてみたい。

2 伝統の創造

　構築主義が文化人類学に与えた影響を考える際に，サイードの『オリエンタリズム』（サイード，1993）を抜きには語れない。この著書でサイードは，文芸作品，絵画，旅行記等を通して「オリエント」像が西洋人のなかにつくりあげられていく過程を明らかにした。それは単なるステレオタイプの形成にとどまらず，西洋がオリエントを表象＝代弁し，その表象が構造化されることで，支配体系へ変化するのだという政治的な批判でもあった。文化人類学にとって問題だったのは，そのオリエンタリストたちのなかに，ほかならぬ人類学者も含まれていたことである。つまり人類学は本質主義であり，他者の他者性をことさら強調することで，「もの言わぬ」彼らを代弁しているのだと批判されたのである。1990年代以降の文化人類学は，このオリエンタリズム批判を自省し，乗り越えることに注力した。

　この本質主義から構築主義への転換は，観光研究にとっても無縁ではない。観光も他者の他者性を売りものにしているからだ。世界各地の祭りや踊り，歌，伝承，建築，工芸品など，観光客は自分たちの文化にはないもののために異郷まで足を運ぶ。そして多くの場合，この他者性には「伝統文化」という売り文句が冠されている。観光人類学は本質主義から構築主義への転換期に生まれており，当初，その大きなミッションは，観光の場で本質主義的に語られてきた伝統文化を，構築主義的な視点で「再点検」することであった。

　その際に頻繁に参照されたのが，歴史学者ホブズボウムとレンジャーの研究である。彼らは，過去から連綿と継承され続けてきたと思われがちなこうした「伝統」が，近年，とりわけこの200年の間に「発明（invention）」されてきたことを明らかにした（ホブズボウム & レンジャー，1992）。ホブズボウムは「創られた伝統」を次のように定義する。「通常，顕在と潜在とを問わず容認された規則によって統括される一連の慣習および，反復によってある特定の行為の価値や規範を教え込もうとし，必然的に過去からの連続性を暗示する一連の儀礼的ないし象徴的特質」（ホブズボウム，1992：10）。

　彼にとってそれは慣習的な伝統──先に述べた身体化されたレベルの伝統文化──とは明確に区別されたものである。ではなぜ「伝統」を創造するのか。「それらは比較的新しい歴史上の革新である，「国家（ネーション）」とそれに結びついた現象，たとえばナショナリズム，民族国家，国家の象徴，および歴史に深くかかわっている」（ホブズボウム，1992：25）からだ。17世紀後半以降，ヨーロッパに次々と「国民国

家」という政体が生まれ，国民が主権をもつようになった。他方で，イタリアやフランスが顕著な例であるが，領土内に住まう国民は言語的にも文化的にもまだ多様で，国民すべてが統一されたアイデンティティをもつことはまれであった。つまり，政体を維持し，ばらばらな住民を均質な国民へと作り変え，国民意識を統合することが急務とされたのである。そしてその際に用いられたシンボルが，自国の「伝統文化」であった（cf. アンダーソン, 1997）。

　この本のなかでトレヴァー＝ローパーはスコットランドの事例を取り上げる。「タータンチェックのキルト」「バグパイプ」といった「伝統」は，現在のスコットランドを代表するものであるが，彼によるとそれらは創られたものであるし，そもそも 17 世紀後半まで「スコットランド人」という独自の集団さえ存在しなかった。

　　高地地方独自の伝統を創造すること，およびその外的な表象を伴った新たな伝統をスコットランド民族全体に負わせることが行われたのは，18 世紀後期と 19 世紀初期のことであった。それは 3 段階を経て行われている。第一に，アイルランドに対する文化的反乱が起きた。それは，アイルランド文化を纂奪し，初期のスコットランドの歴史を書き改めて，結局のところ，スコットランド──ケルト的スコットランド──こそが「母なる国」であり，アイルランドは文化的に依存しているという不遜な申し立てを行なうことであった。二番目には，新たな高地地方の伝統を人工的に創り出し，それを古来からの独特でまごうことなき伝統として提示することであった。第三には，それらのあらたな伝統を歴史のあるスコットランドつまり，ピクツ人とサクソン人，ノルマン人の居住する東部スコットランド低地地方に与え，東部スコットランドがそれを受容する過程が存在したのである。（トレヴァー＝ローパー, 1992：31–32）

　そのなかで「発明」され，普及したのがキルトであった。現在知られているキルトが普及したのは 1730 年頃であり，発明したのはトマス・ローリンソンというランカシャー出身の鉄鋼業者であるとトレヴァー＝ローパーは断言する。ローリンソンの経営する工場では多くのスコットランド人が雇用されていたが，彼はその労働者たちの着ていた服を働きやすいように仕立て直して，自らも身に纏った。これがキルトの原型である。だが当時のキルトはクラン（氏族）ごとにデザインの異なるものではなかった。しかも 1745 年のジャコバイトの反乱により，スコットランドの文化はことごとく禁止されることになる。もちろんキルトもその禁止リストのな

かに含まれていた。つまり誕生してすぐにキルトは一度, 葬り去られたのである。

その後, 1782年に禁令が解かれると, 今度は中層・上層階級の人びとがこのキルトを身につけるようになった。またイギリス政府の高地地方連隊も着用し始める。同じころウィリアム・ウィルソン・アンド・サン商会という業者が「氏族ごとに異なるタータン柄」に目をつけ, これが爆発的に売れることになる。その後, 種々の書物を通じて, このタータンのイメージがスコットランドの「伝統」として根付いていくことになる(トレヴァー=ローパー, 1992)。

3 伝統文化を語る権利

ホブズボウムらの議論の要諦は,「伝統文化」はもはや日々の生活のなかで反復される慣習ではなく, 政治的なレベルに再配置されるということである。この議論に呼応するかたちで, 文化人類学者たちの熱意は「伝統文化」のからくりを明らかにすることに注がれる[1]。だが一方で,「伝統」が「捏造」「ニセモノ」であると暴く人類学者や歴史学者たちの研究は, 現地の人びとからの反発を招くことにもなった。それは, ときとして「伝統文化」が先住民の権利回復や独立運動の旗印にもなるがゆえの反発でもあった。

たとえば太平洋を研究するリネキンやキージングは, 当地のナショナリズムや

---

1) たとえばハンソンはニュージーランドの先住民・マオリの人びとの伝統文化が創られたものであると主張し, 当時, 大きな話題を呼んだ。つまり現在, マオリの人びとが信じている伝承や神話のいくつかが, 19世紀から現在までのマオリ自身, あるいは文化人類学者の言説による創造だというのである(Hanson, 1989)。
　またハワイ観光と切っても切れないのが「フラ(ダンス)」である。現在, 多くの観光ホテルで夕刻のショーとして演じられており, 観光客を楽しませている。しかしフラが現在の「フラダンス」になったのは1920年代で, それはちょうどワイキキに大規模な観光開発の波が押し寄せていた時期でもある。「本来は打楽器とチャント(唱謡)しか伴わなかったフラは, スティール・ギターがリードするいわゆるハワイアン音楽とセットにされ, 新しい形式の舞踏に変化していった」(山中, 1992:91)。
　あるいはインドネシア・バリ島はヒンズー教文化と相俟って「神々の島」「芸能の島」と称されることが多い。そしてそのもっとも有名なものが「ケチャ」「バロン・ダンス」と呼ばれる踊りである。だがケチャは1930年代にドイツ人アーティストのヴァルター・シュピースがその演出に大きく関わっている。現在, バリ島民自身が「自分たちの伝統文化だ」と誇りもって演じるこれらの踊りも, 実は新たに創造されたものである(永渕, 1998;山下, 2007)。

先住民運動のなかで声高に謳われる「伝統」を分析し，それらが「真正な過去」と
はかけ離れたものであると主張した（Linnekin, 1983；Keesing, 1989）。基本的には，
先に述べたホブズボウムと同じ構築主義的な論調である。しかしこれにハワイ先住
民運動のリーダーでもあったトラスクが異議を唱えた。リネキンやキージングはハ
ワイの先住民運動のなかでしばしば語られる「母なる大地」という概念が「創られ
た」ものだという。しかし，ハワイでは白人との接触以前からそのような考え方は
実在した。リネキンやキージングは種々の史料に依拠せず，またハワイの人びとの
声にも耳を傾けず，白人研究者の書いたものだけで，自分たちの伝統を捏造だと一
方的に結論づけている。現地の人びとから声を奪い，他者の伝統文化を一方的に語
る，その（白人）人類学者のふるまいこそが植民地主義的なのではないか（トラス
ク, 2002）。彼女のこうした辛辣な批判は，「伝統」の構築性を暴くことに熱心だった
文化人類学者に冷や水を浴びせることになった。換言すれば「伝統文化を語る権利
は誰にあるのか」という問題を人類学者に突きつけたといってもよい（白川, 2005）。

　だがトラスクの批判は，ともすると「ハワイの伝統文化はハワイ人にしか語れな
い」という極論にも結びつく。伝統文化はその土地に根差す人にしか語れないのだ
ろうか。そもそもキージングらの主張の意図は，先住民運動を阻害することではな
く，太平洋の新興国家の一部の政治的エリートが「伝統」を創造し，独占的に利用
していることを指摘する点にあった。同時に，村落部に暮らす普通の人びとが，伝
統を語る議論の場から排除されていることを批判するものでもあった。そう考える
と，白人研究者に独占されている「伝統文化を語る権利」を現地の人びとに取り戻
そうとするトラスクと，現地人エリートに占有されている「伝統文化を語る権利」
を現地の人びとに取り戻そうとするキージングの間に，それほど距離はないのかも
しれない（Friedman, 1992）。

　現在，研究者たちは，現地の人びとのアイデンティティに配慮した研究が求めら
れる。伝統文化を語る権利は，当然，研究者だけのものではなく，現地の人びと（そ
れもまた多様である）もそこに含まれる。つまり議論のアリーナは常にオープンに
すべきであり，さまざまな人が多様な立場から参入することが，この議論を実りあ
る方向へ導くのだといえる。

4　文化の客体化

　私はかつて，沖縄の宮古島で調査したことがある。2007 年頃，もちろん観光が

島の主幹産業ではあったが，まだ中国からのクルーズ船も今ほど寄港せず，島民た
ちが今後の観光のあり方を模索している時期でもあった。数名の島民の方々，役場
の担当者，私で雑談をしているときであった。ある島民の方（農業を営んでいる方
だったと思う）がぽつりと口にしたことが，今でも頭から離れない。「私たち，観光
で何を「売りもの」にしていいのかわからないんですよね」。私は言葉に詰まった。
サンゴの綺麗な海があって，白い砂浜があって，風に揺れるサトウキビ畑があって，
これ以上何が必要だというのだろう。私は恐る恐るそのことを口にした。するとそ
の人は「本当にそんなものでいいんでしょうかねえ」と，自信なさげに言った。彼
にしてみれば，海も山もサトウキビ畑も当たり前の風景であり，生活の一部であっ
た。そのような，日々目にしているものが改めて「売れる」とは思わなかったのか
もしれない。実をいえば，同じ質問は日本の別の観光地でも，あるいは後述する
ヴァヌアツでも受けたことがある。

　自分たちが慣れ親しんできた文化を，改めて部外者の目で見ることはなかなか難
しい。このプロセスを人類学では「文化の客体化（objectification of culture）」とい
う（Handler, 1984；Otto, 1992）。この点に関して，太田は以下のように要約してい
る。

　　文化の客体化とは，文化を操作できる対象として新たにつくりあげることであ
　　る。そのような客体化の過程には当然，選択性が働く。すなわち，民族の文化
　　として他者に提示できる要素を選びだす必要が発生する。そして，その結果選
　　びとられた文化は，たとえ過去から継続して存在してきた要素であっても，そ
　　れが客体化のために選択されたという事実から，もとの文脈と同じ意味を持ち
　　えない。いわゆる「伝統的」とみなされてきた文化要素も，新しい文化要素と
　　して解釈し直されるわけだ。こう考えると，伝統的な文化要素という実体は存
　　在しないことになる。文化の客体化によってつくりだされた「文化」は，選択
　　的，かつ解釈された存在なのである。（太田, 1998：72）

　自分たちの文化を，一度外の視点から見つめ直す。そしてそのなかからある文化
要素（歌，踊り，祭り，食べ物，風景，歴史的建造物など）を選択し，商品として
仕立て直し，市場に流通させる。観光における文化の客体化とは，そのような過程
のことを指す。先に述べた「創られた伝統」は，多かれ少なかれこの客体化のプロ
セスを経ている。

図5-1　海水浴を楽しむ観光客（筆者撮影）

　しかしこうして選択され，流通し，人口に膾炙した文化は，往々にしてステレオタイプ化されたものになる。この点を考えるのに，私がこれまで調査してきた南太平洋のヴァヌアツ共和国アネイチュム島の観光は，その最適の事例かもしれない。アネイチュム島は950人ほどが暮らすヴァヌアツ最南端の島である。電気もガスもなく，人びとはタロイモなどを栽培しながら自給自足の生活を営んでいる。アネイチュム自体は山がちな島で，内陸部には熱帯雨林が広がるのだが，この島の南西にイニェグというサンゴ礁の小島が浮かんでいる。15分も歩けば一周できてしまう無人の小島なのだが，ここが白い砂浜，青いサンゴの海，揺れるヤシの木といういわゆる「南の楽園」を絵に描いたような場所なのである（図5-1）。そしてここを目当てに近年，頻繁に大型クルーズ船がやってくるようになった。乗客は1回当たり1500〜2000人ほど。もちろん島にはホテルはないので，観光客の食事，宿泊などはすべて船内で行われる。

　島民にしてみれば，この観光客相手の商売が島で現金を得るほぼ唯一の機会なので，アイデアの考案に余念がない。お土産物の販売，シュノーケリングやカヌーの貸出し，髪の編み込み，オイルマッサージ，ヤシの実ジュースやロブスターの提供など。また，ウミガメと泳いだり，乗馬体験ができるオプショナルツアーもある。観光客は海水浴だけでなくこれらのアトラクションを巡り，しばしの間享楽にふけることができる。

　そのなかでいくつか興味深いものがある。図5-2は「カンニバル（人喰い）スープ」というアトラクションである。「人喰い族」に扮した島民が観光客を襲い，大きな鍋で煮るポーズを作る。観光客はそれを自分のカメラで撮影する（5豪ドル（約500円））。図5-3は，島民の子どもに草で編んだ衣装を身につけさせ，弓矢を持た

図 5-2 「カンニバルスープ」のアトラクション	図 5-3 「ちびっこ戦士」との記念撮影
（筆者撮影）	（筆者撮影）

せている。背後の看板には「戦士（warrior）との記念撮影。写真を撮ったら寄付を
お願いします」と書かれている。こちらは寄付なので明確な金額を示されていない
が，観光客は思い思いに現金を落としていく（1 〜 10 豪ドル（約 100 〜 1000 円）
であることが多い）。

　打ち寄せる波音，ヤシの木陰に揺れる白い砂浜を，弓矢を携えた「人喰い族」が
闊歩してゆく。ここには「楽園」と「未開」が同居しており，私はそれを「想像の
「オセアニア」」と称したことがある（福井，2012）。それらはすべて現地の島民たち
が「売れる」と考えた——つまり自分たちなりに客体化した——想像の「オセアニ
ア」像なのである。

5　戦略的本質主義と文化の売春

　こうした商品化された表象は，すこぶる本質主義的なものとなる。先述の通り，
文化人類学は本質主義をきびしく批判してきた。しかし，ここで問題になっている
のは人類学者による表象ではなく，現地の人びとのそれである。人類学者が一方的
に批判することで，いわば彼らの「飯のタネ」と文化を語る権利を奪ってしまうこ
とにはならないのだろうか。栗田は，彼らのおかれているポジションに配慮すべき
だと示唆する。

　　現代の世界システムの周縁部に位置する人々は，中心部に依存するという形で
　しか世界システムの中で生きていくことができない。中心への依存が周縁の

周縁性を更に強化してしまうという悪循環に陥る危険性があるが，このような
状況を一気に改善する方策は今のところ存在しない。そのため，周縁部は逆に
その周縁性を武器にして，中心への依存をいかに確実なものとするかという戦
略を採用せざるを得ない。例えば経済援助などの中心への依存は，周縁だから
こそ可能となっているのである。その周縁性を一方的に剥奪することは現代
社会からの締め出しを意味する。(栗田, 1999：147) [2]

　これを文化人類学では「戦略的本質主義」という。つまり「本質主義の危うさ
を十全に認識しながら，暫定的にそれを活用する」(松田, 1999：253) ことである。
研究者が「第三世界」や「発展途上国」の人びとの本質主義的な自己表象を批判す
ることは (そこに「人喰い族」など多少のウソが含まれていようとも) 政治的に正
しくない。むしろ彼らの主体性として積極的に評価しようという意図がそこには
込められている。つまり構造的な弱者にとって，戦略的本質主義は「追い詰められ
た末の苦心の選択とはいえ，現在考えられる最良の実践」(松田, 1999：253-254)
なのかもしれない。
　しかし「戦略的本質主義」と唱えれば，それで問題が解決したわけではない。先
に挙げたヴァヌアツの事例において，たしかに彼らは「人喰い族」を「演じている」
だけである。それは島民たちも観光客も知っている。いわば，文化は本来のコンテ
クストから離れ，戯画 (カリカチュア) 化された「商品」として観光客に提供され
ているにすぎない。しかし一方で，彼らが本来農耕民で弓矢を持たないこと，この
社会には「戦士」という集団は存在しないこと，草で編んだ衣装などほとんど着な
いということを観光客たちは知っているのだろうか。どこまでが「演技」でどこか
らが「本当」なのか，本当に理解しているのだろうか。
　つまり戦略的本質主義であっても，あるいは文化の客体化であっても，それは
(西洋人) 観光客のまなざしに合わせたものにすぎないのだ。観光客が「人喰い人種
だ」と想像すれば島民たちは「人喰い族」を演じるし，「狩猟採集民だ」とイメージ
すれば喜んで弓矢を持つ。それによって多くの現金を得た島民たちはぺろりと舌を

---

2) 引用文中の「世界システム」とは，歴史 (特に資本主義の発展) を一国単位で考えるの
　ではなく，巨視的に把握しようとする，歴史学者ウォーラーステインの提唱した「世界
　システム論」を指す。16世紀以降，世界は「中心」「半周縁」「周縁」へと大別され，分
　業体制を行うようになる。それにより利潤の大部分は「中心」の国々へと流れ，政治経
　済的な支配・従属関係が強化されることになる。

出すのかもしれない。しかしスマートフォンに収められた写真は,「想像上の人喰い人種」として SNS で拡散されることになる。

だからこそ先に述べたトラスクは観光に反対する。観光客の好みに合わせて自文化を切り売りした結果,たしかにハワイは世界有数の観光地になった。だが一方で,一方的に押し付けられた「楽園」像を演じることで,ハワイ先住民のアイデンティティは大きく傷ついた。また犯罪が増え,不動産が高騰し,ホームレスが目につくようにもなった。観光収入の大部分はアメリカ本国の大企業へと流れていき,ホテルで下働きの現地住民は低賃金のままだ。こういう現状を彼女は「文化の売春(prostitution of culture)」と呼んできびしく批判する(cf. Errington & Gewertz, 1996)。

> 売るためには,まず,品物(文化的属性)を変形させなくてはならない。それは,ちょうど女性が売春婦らしく見えるようにするため,変身しなくてはいけないのと同じである。売春婦とは,つまり,自らを商品化することによって共犯関係に陥る女性と言えよう。そこで,フラの踊り子はピエロのような化粧をして,ポリネシアの国々の文化をない混ぜにした衣装をつけ,淫らで猥褻な踊り方をするため,フラに本来備わっている力強いエロスを感じさせない。猥雑さとエロスの違いは,まさしく西欧の文化と先住ハワイ民族の文化の違いだ。ホテルのショーで演じられるフラからは,本来の神聖さが完全に消え去っていて,男性の筋骨たくましさや女性の色気といった表面的なけばけばしさだけしか残っていない。人間や神を嬉々として心から讃えるという内面性が剥ぎとられ,金儲けのための娯楽としてフラが演じられている。もちろん重要な点は,「ハワイの何もかもが,観光客,非先住民,来訪者としてのあなた方のものになる」というメッセージである。景観も先住民も先住民文化も,そして,「先住の」民としての私たちのアイデンティティも,すべてが売りに出されている。(トラスク,2002:79-80)

「観光客はもう来るな」と糾弾するトラスクの見解はたしかに急進的なものだ。しかし異文化に歪んだ欲望を抱き,消費することは,結果として,人びとの文化的アイデンティティや誇りを棄損しているのだという指摘は傾聴に値する。トラスクが「売春」と呼ぶそれは,冒頭に述べたサイードのオリエンタリズム批判や「植民地化」の議論とも重なる。繰り返すが,観光において文化は「商品」になる。だか

らこそ，これからの私たちは，人びとが歪んだ「自画像」や「伝統」を創造し，それを売る意味を真剣に考えなければならない。

6　まとめ

　本章では，観光において「伝統文化」のコンテクストがずれることを論じてきた。たとえば伝統文化は「政治」の文脈におかれる。近代になって創られた「伝統」はナショナリズムを高揚させ，国民を統合するための道具となる。構築主義的な研究は，その創造の過程や効果について論じてきたが，それは一方で，先住民運動などを否定することにもつながる。こうした伝統を語る権利は誰にあるのかという問題は，常に政治的である。

　他方，観光では「伝統」は「商品」という文脈にも再配置される。観光客はわかりやすい異文化像を求めている。それは戯画化され，誇張やウソも混ぜられたステレオタイプかもしれない。ハワイのフラ，バリのケチャ，メラネシアの人喰い。第三世界の彼らが自ら表象するステレオタイプなのだからと，戦略的本質主義で理論武装し擁護することも可能である。だがその彼らの「戦略」は，常に観光客からのまなざしを反映させたものでしかない。「人喰い族」を演じる彼らには，「人喰い族」を演じる戦略しか残されておらず，それを演じることでますます「人喰い族」のイメージを固定させてしまう。私たちは，彼らの「自画像」をどう論じればよいのだろうか。結局，文化を語る権利の問題がここでも顔をのぞかせることになる。

　伝統といえども，多少なりとも時間のなかで変化するということは，少し考えればわかることである。しかしそれでも「変化しない」というタテマエで，「伝統文化」は成立している。そしてこのタテマエがあるからこそ「伝統」は「政治」になり「商品」になる。本章で論じたように，ホテルで演じられ，土産物屋に並ぶ「伝統文化」には，まだまだ多くの問題が内包されているのである。

【引用・参考文献】

アンダーソン，B.／白石　隆・白石さや［訳］（1997）．『増補・想像の共同体——ナショナリズムの起源と流行』NTT 出版（Anderson, B. (1991). *Imagined communities: Reflections on the origin and spread of nationalism* (Revised edition). London: Verso.）

ウォーラーステイン，I.／川北　稔［訳］（2013）．『近代世界システム　Ⅰ～Ⅳ』名古屋大

学出版会（Wallerstein, I.（2011）. *The modern world-system*（New edition）. Berkeley, CA: University of California Press.）

太田好信（1998）.『トランスポジションの思想──文化人類学の再想像』世界思想社

栗田博之（1999）.「ニューギニア「食人族」の過去と現在」春日直樹［編］『オセアニア・オリエンタリズム』世界思想社, pp.130-150.

サイード, E. ／今沢紀子［訳］（1993）.『オリエンタリズム（上）（下）』平凡社（Said. E.（1978）. *Orientalism*. New York: George Borchardt.）

白川千尋（2005）.『南太平洋における土地・観光・文化──伝統文化は誰のものか』明石書店

トラスク, H.-K. ／松原好次［訳］（2002）.『大地にしがみつけ──ハワイ先住民女性の訴え』春風社（Trask, H.-K.（1999）. *From a native daughter: Colonialism and sovereignty in Hawaiʻi*（Revised edition）. Honolulu, HI: University of Hawaii Press.）

トレヴァー＝ローパー, H. ／梶原景昭［訳］（1992）.「伝統の捏造──スコットランド高地の伝統」E. ホブズボウム, & T. レンジャー［編］『創られた伝統』紀伊國屋書店, pp.29-72.（Trevor-Roper, H.（1983）. The invention of tradition: The highland tradition of Scotland. In E. Hobsbawm & T. Ranger（eds.）, *The invention of tradition*. Cambridge: Cambridge University Press, pp.15-41.）

永渕康之（1998）.『バリ島』講談社

橋本和也（2011）.『観光経験の人類学──みやげものとガイドの「ものがたり」をめぐって』世界思想社

福井栄二郎（2012）.「想像の「オセアニア」──ヴァヌアツ・アネイチュム島観光におけるローカリティ」須藤健一［編］『グローカリゼーションとオセアニアの人類学』風響社, pp.275-302.

ホブズボウム, E., & レンジャー, T. ／前川啓治・梶原景昭・長尾史郎・辻みどり・三宅良美・多和田裕司・中林伸浩・亀井哲也［訳］（1992）.『創られた伝統』紀伊國屋書店（Hobsbawm, E., & Ranger, T.（eds.）(1983). *The invention of tradition*. Cambridge: Cambridge University Press.）

ホブズボウム, E. ／前川啓治［訳］（1992）.「序論──伝統は創り出される」E. ホブズボウム, & T. レンジャー［編］『創られた伝統』紀伊國屋書店, pp.9-28.（Hobsbawm, E.（1983）. Introduction: Inventing traditions. In E. Hobsbawm & T. Ranger（eds.）, *The invention of tradition*. Cambridge: Cambridge University Press, pp.1-14.）

松田素二（1999）.『抵抗する都市──ナイロビ 移民の世界から』岩波書店

山下晋司（2007）.「〈楽園〉の創造──バリにおける観光と伝統の再構築」山下晋司［編］『観光文化学』新曜社, pp.92-97.

山中速人（1992）.『イメージの〈楽園〉──観光ハワイの文化史』筑摩書房

Errington, F., & Gewertz, D.（1996）. The individuation of tradition in a Papua New Guinean modernity. *American Anthropologist, 98*(1): 114-126.

Friedman, J.（1992）. The past in the future: History and the politics of identity. *American Anthropologist, 94*(4): 837-859.

Handler, R.（1984）. On sociocultural discontinuity: Nationalism and cultural objectification in Quebec. *Current Anthropology, 25*(1): 55–71.

Hanson, A. (1989). The making of the Maori: Culture invention and its logic. *American Anthropologist, 91*(4): 890–902.

Keesing, R. (1989). Creating the past: Custom and identity in the contemporary Pacific. *The Contemporary Pacific, 1*(1–2): 19–42.

Linnekin, J. (1983). Defining tradition: Variations on the Hawaiian identity. *American Ethnologist, 10*(2): 241–252.

Otto, T. (1992). The Paliau movement in Manus and the objectification of tradition. *History and Anthropology, 5*(3): 427–454.

第 6 章

観光表象

エスニック・ツーリズムにおける表象の政治学

【基本概念】
サルベージ人類学，エージェンシー，エスニック・ツーリズム／先住民観光，観光のまなざし，
表象，オリエンタリズム，真正（性），文化仲介者，表象の政治学

須永和博

1 はじめに

　19世紀後半から20世紀前半の欧米社会で制度化された文化人類学は，当時「未開（primitive）」や「野蛮（savage）」などと呼ばれていた非西洋世界のさまざまな地域の生活文化の特徴を明らかにする学問として発展していった。同時期に誕生した社会学が近代西洋社会の諸相を探求したのに対し，文化人類学は西洋近代の外縁に位置するとされた社会・文化を対象とする学問として自己定義をしていったのである。

　しかし，人類学者がフィールドワークを本格的に行うようになった20世紀初頭，彼らの研究対象である「未開」社会の多くは，すでに西欧近代の影響を強く受けていた。たとえば当時の人類学者の間では，自国の植民地において調査を行うことが慣例だったが，それは翻って人類学者が実際のフィールドで出会っていたものが，植民地主義的介入によってドラスティックに変貌した「未開」社会の姿であったことを表している。ところが当時の人類学は，こうした社会・文化の動態に積極的に向き合うことはせず，ある種の選別的操作を行うことで，「未開」社会・文化の探求という学問上の目的を達成しようとした。すなわち，以下のような図式を想定し，そこから「外的影響」を捨象して，「固有の社会・文化」を記述するという方針を採ったのである（清水, 1992：428）。

　　「固有の社会・文化」＋「外的影響」＝「調査地の社会・文化」[1]

1）清水（1992：428）の図式を一部改変。

この図のなかの「外的影響」は，研究上「無価値なもの（＝非真正なもの）」と判断され，それ以前にあったとされる「固有の社会，文化」のみが「価値のあるもの（＝真正なもの）」として記述分析の対象とされていったのである。その結果，人類学者が記述する民族誌（ethnography）[2) には，人類学者による意図的な選別的操作を経た「未開」社会・文化像が描かれていくこととなった。

　ただし，「近代文明」の影響を受けていない「純粋な文化」に価値を置くような思考は，人類学という個別の学問分野のなかだけでなく，当時の西洋社会である程度共有されていたものでもあった（今福，2003：19）。たとえば，「未開」社会・文化のなかに，近代文明によって西欧社会が失った何かを見出そうとするプリミティヴィズムの思想などはその一例である。西洋社会では，第一次世界大戦を契機に近代文明に対する懐疑が深まり，人間性の回復を求めて「未開」の地域を旅する人びとが現れはじめる（永渕，2007：103-104）。人類学者が「未開」社会・文化を求めてフィールドワークを始めた頃，「未開」地域への観光旅行もまた制度化されていったのである[3)。その意味で，人類学と観光は共に植民地主義的想像力のなかで生まれた「一卵性双生児」（今福，2003：81）でもあった。

　しかし，1980 年代に入ると，人類学内部でも「純粋な未開文化」の探求という姿勢に対して批判的な検討が行われるようになっていった。対象社会の文化的伝統を「救い＝掬い上げる」従来の研究姿勢を「サルベージ人類学」（清水，1996：8）と呼んで批判し，それに代わる人類学の研究スタイルが模索されるようになっていったのである[4)。たとえば，植民地主義的介入のなかで変化する社会・文化を凝視する

---

2) 人類学では，調査対象となる人びとの生活や活動に自ら参加しながら調査を行う「参与観察」と呼ばれる手法を調査・研究の基本としてきた。「民族誌＝エスノグラフィ」とは，こうした手法を用いて調査対象の人びとの暮らしや活動を内側から理解することを目指す調査・研究の方法，およびその研究報告のことである。

3) 「未開」地域への観光旅行が制度化されるようになった背景として，この時代に頻繁に開かれた万国博覧会や植民地博覧会の影響は無視できない。こうした博覧会でさまざまな「未開」地域の文化が展示されることで，これらの文化をエキゾティシズムの対象として消費するという新たなまなざしが誕生したからである（吉見，1992；モルトン，2002）。

4) そこで問題視されていたのは，第一に対象社会の人びとを過去の「伝統」という時空に押し込め，「西洋＝近代＝進歩／非西洋＝伝統＝停滞」という二項対立をつくりあげてしまうという点である。そして第二に，文化の変化を「滅びる」こととして否定的に捉えることで，さまざまな文化要素を節合して新たな文化を生み出す現地の人びとの創造性が等閑視されてしまうという点にあった（クリフォード，2003）。

「動態的民族誌」や，調査する側とされる側の権力関係に自省的になる「ポストコロ
ニアル人類学」[5]，対象社会の人びとの雑多で多様な声を掬い上げることで均質化
された社会・文化像に抗う「多声的民族誌」など，1980 年代以降，新たな人類学的
実践が行われるようになっていった。こうした人類学の潮流は，現地の人びと（ホ
スト）と観光客（ゲスト）との相互作用によって生じる文化の動態などに着目する
観光人類学が隆盛していく契機となった（cf. 山下, 1999）。

　1980 年代以降の人類学理論の転回を経た現在，「未開文化」に対するナイーブな
視線を投げかける人類学者は皆無であろう。ところが，観光という文脈においては，
現在でもかつての人類学的まなざしを再生産するような状況が散見される。たとえ
ば人類学者の今福龍太は，現代観光を取り巻く状況について以下のように述べてい
る。

　　　その意味では，現代社会において「観光」こそが，人類学に代わって，この「プ
　　　リミティヴ」な世界を一種の憧憬をもって見つめるための最後の拠点となって
　　　いる。そしてまさにそのために，観光は永久に「プリミティヴ」を創造しつづ
　　　けることを運命づけられてしまった。存在しない「未開文化」は，いまや観光
　　　客のために新たに，そして独占的に創りだされているというわけなのだ。（今
　　　福, 2003：81）

　こうして，「純粋な文化」を求める観光者が，ホスト社会に一方的にまなざしを
投げかけるという，観光の権力や倫理の問題が発生してくるのである。しかし，現
地の人びとは「未開文化」を求める観光者のまなざしを単に受動的に受け入れる無
力な存在ではなく，個々の状況に応じたさまざまな応答を行うエージェンシー[6] を
もった存在である。観光人類学の一つの課題は，こうした観光の現場における諸ア

5）ポストコロニアルとは，植民地主義下で形成された価値観や文化様式，支配・被支配の
　　関係などが，現在でも旧宗主国や旧植民地の人びとの間に深く影響を及ぼしている状況
　　を指す。1990 年代には，こうした状況を批判的に読み解き，それに抗う可能性を模索し
　　ていくポストコロニアル・スタディーズと呼ばれる領域横断的な学問的潮流も生まれ
　　た。ポストコロニアル人類学もまた，こうした流れのなかで登場した人類学の一動向で
　　ある。
6）ここでいうエージェンシーとは，さまざまな構造的制約を受けながらも，自ら意思決定
　　し，主体的に行為・変革したりする能力のことを指している。「行為主体」と訳される
　　こともある。

クター間の権力関係やそれに抗う動きなどを，特定の事例に即して微視的な視点から丹念に描き出していくことである。

　おそらく，このような状況がもっとも先鋭的に現れるのが，先住・少数民族などの生活世界を直接訪れ，異文化を体験・経験する，エスニック・ツーリズムと呼ばれる観光形態においてであろう。そこで本章では，タイ北部の山地少数民族を事例に，エスニック・ツーリズムにみられる民族文化へのまなざしを批判的に検討したうえで，実際の観光の現場でみられる諸問題とそれらを乗り越える可能性について検討してみたい。

2　観光表象の政治学：タイ北部のエスニック・ツーリズムの現場から

2-1　タイ山地民のポストカード

　東南アジア大陸部（タイ，ベトナム，ミャンマー，ラオス等）の山間部にはさまざまな山地少数民族の人びとが居住しており，各地で彼（女）らの集落を訪ね歩くエスニック・ツーリズムが盛んである。そのなかでもタイ北部はもっとも歴史が古く，1970年代には観光化が始まっている（Cohen, 1996）。当時は，政情不安等もあり周辺の国々を訪れることは困難であったことから，欧米を中心とする先進諸国の観光者がこぞってタイ北部を目指したのである。現在は周辺諸国の山間部も比較的自由に観光旅行が出来るようになったことから，かつての活気はなくなりつつあるが，依然として東南アジア有数のエスニック・ツーリズムの目的地であり続けている。

　以下ではまず，チェンマイやチェンライなどタイ北部の主要都市の土産品店等で売られているポストカードを紹介したい。

　この2枚のポストカードを見てまずわかることは，いずれも民族衣装を着た女性

図6-1　山地民（リス）

図6-2　山地民（モン）

たちがモチーフになっているという点である。さらに細かく見ていくと，お歯黒を
していたり，子どもの顔が泥だらけであったりすることがわかる。そこには，ホン
ダのバイクを乗り回し，スマートフォンで SNS に興じる，現代の山地民社会ではご
くごく当たり前の姿は描かれない。いわば，近代性や現代性を喚起するようなモノ
が，被写体から巧妙に取り除かれているのである。

　以上のことから，これらのポストカードには，近代性・現代性と切断された「伝
統に生きる人びと」という意味＝記号が生産されているということがわかる。かつ
ての人類学が，対象社会の伝統的側面を取捨選択して民族誌のなかに描いていった
ように，この種の観光メディアにおいても，特定の事象のみが取り上げられ，その
他のものは捨象されている。このように，恣意的に生産された記号が集積すること
によって，山地民に対する観光のまなざしが制度化されていくのである（cf. アーリ
＆ ラースン, 2014）。

2-2　表象の生産と流通をめぐる権力関係

　こうした観光のまなざしを批判的に考察していく際には，「表象（representation）」
という概念が参考になる。表象とは，簡単にいえば「ある状況やモノ，人などを現
物以外の何ものかで再現・再提示すること」である。たとえば，ある出来事を紹介
するニュース番組や新聞記事，ある特定の社会・文化を描いた民族誌，風景や人物
を映し出したポストカード，歴史や民族文化を紹介する博物館の展示など，少し考
えてみるとわれわれは日々さまざまな表象に囲まれて暮らしていることがわかる。

　この表象という概念を理解するうえで肝要なことは，表象が何某かの「再現・再
提示」である以上，そこには表象の生産者の意図が多かれ少なかれ含まれるという点
である。何を取り上げ，それをどのように「再現・再提示」するのか，そうした作り
手の思惑がどうしても入り込んでしまう以上，完全に客観的で中立的な表象という
ものはありえない。にもかかわらず，表象はある社会・文化のなかで共有され，支
配的なイメージを形成していくことが多々ある。その意味で，表象とは，社会的・
文化的に構築されたイメージということもできよう。言い換えれば，ある社会・あ
る時代の人びとの間で共有されているイメージがいかに形成されてきたのか，それ
を批判的に読み解いていく手掛かりとなるのが表象という概念である。

　こうした視点から，異文化や他者を描く際の問題を考察した論者の一人とし
て，パレスチナ系アメリカ人の英文学者である E. サイードが挙げられる。たとえ
ば，サイードは著書『イスラム報道（*Covering Islam*）』のなかで，欧米諸国のマス

メディアの報道がイスラム世界をどのように描いているのかを丹念に分析している。彼によれば，欧米諸国のマスメディアは，テロリズムや紛争を強調した報道を集中的に行うことで，結果として「イスラム＝野蛮」というステレオタイプなイメージを再生産してしまっているという（サイード, 2018）。このようにサイードは，客観性・中立性を標榜する報道メディアが，ある特定の状況（紛争・テロ）を「報道する（cover）」一方で，イスラム世界の多様で複雑な姿を「隠蔽している（cover）」ときびしく批判している。

　さらにサイードは，主著『オリエンタリズム』（サイード, 1993）のなかで，文化表象をめぐる不均衡な関係についても言及している。そこで，サイードは，イスラム世界をめぐる表象の生産・流通をめぐって，西洋＝語る側／非西洋＝語られる側という不均衡な力関係が構成されてきたという点を指摘している。両者の政治・経済的な力関係が，文化表象の生産・流通においても再生産されている点を明らかにしているのである。

　こうした権力関係は，西洋とイスラム世界の関係にとどまらない。先住民族や移民，難民，女性など従属的な立場にいる者（サバルタン[7]）ほど，自らを外部に向かって表象する機会が限られていることを踏まえれば，それらの表象の生産・流通をめぐっても必然的に権力関係が発生するといえるであろう。それゆえ，サバルタンの表象をめぐっては，誰が誰を（何を）表象しているのかといった，表象の位置性（ポジショナリティ）や権力性を考慮することが肝要となってくる。

　こうした論点を踏まえたうえで，再び前掲のポストカードを見てほしい。実は，現地の事情を多少なりとも知っている人がこの写真をみれば，いくつかのことがわかる。まず，ポストカードにローマ字で書かれている民族名であるが，「リソー（Lesor）」（図6-1）は平地タイ人が彼（女）らを呼ぶ際の呼称であり，自称ではない[8]。このことから，ポストカードという山地民に関する表象が，平地タイ人によって生産されていることがうかがえる。また「アカ（Akha）」（図6-2）は山地民の一民族集団の自称であるが，ポストカードに写っているのはアカではなく，モン

7）サバルタンとは，下位の士官を意味する軍隊用語にすぎなかったが，イタリアの思想家A. グラムシが従属的階級を指す言葉として用いたことで，学術的な用語として広まっていった。特に，ポストコロニアル批評家G. C. スピヴァックらの研究などによって，階級というマルクス主義的文脈を超えて，先住民など植民地主義的な力関係のなかで周縁化された人びと全般を指す用語として定着していった。

8）自称は「リス（Lisu）」である。

(Hmong) と呼ばれる民族集団である。つまり，このポストカードの作り手は，民族衣装を一瞥しただけでは民族集団を識別することはできず，山地の文化や社会に対する知識が疎いということが推測できる。

　以上のことから，山地民に関する観光表象は，当事者ではなく，他者によって一方的に（時に誤った形で）生産されているということがわかる。そして，こうした表象の生産と流通をめぐる政治学は，次に述べるように，実際のエスニック・ツーリズムの現場においてもみられるのである。

2-3　エスニック・ツーリズムの現場から

　山地民の「真正な生活文化」に直接ふれたいと考える観光客の間で一般的なのは，現地のツアー会社が催行しているトレッキング・ツアーに参加することである。トレッキング・ツアーとは，山間部をトレッキングしながら複数の山地民の村を訪れ，実際にその村に宿泊したりするような観光形態である。通常は4人から10人ほどのグループを組み，ガイドが1～2名ついて，ツアー中の食事の世話や山地の村々の案内などをする。

　前述したように，タイ北部でトレッキング・ツアーが始まったのは1970年代半ばくらいからである。1980年代になると，タイ北部の主要都市であるチェンマイやチェンライには，山地少数民族の村々を訪ねるトレッキング・ツアーを催行するツアー会社が軒を連ね，最盛期の1990年代初頭には年間10万人もの観光者がトレッキング・ツアーに参加したといわれている（Dearden & Harron, 1992）。

　こうした観光化の流れは，山地民の自律的な生活空間であった北部国境の山間部が徐々に平地の国家権力に包摂されていく時期と重なっている。

　ミャンマー・ラオスと国境を接するタイ北部の山間部は，20世紀前半までは国家権力の及ばない自律的な空間であった。しかし，東西冷戦を背景とした内戦が周辺諸国で激化するなか，中央政府による北部国境地帯への統治強化が進められ，さまざまな開発的介入が行われていった。こうして山地へのアクセスが容易になるなかで，山地民観光が制度化されていったのである。

　つまり，「近代文明に毒されていない」山地民の集落を訪れる観光は，国家による開発プロジェクトによって可能になったといえる。この点を踏まえると，山地民観光は，観光客が抱くイメージと山地民の現実の暮らしの間に落差が広がるなかで進行していったものと考えられる。

　しかし実際のところ，イメージと現実の落差はそれほど大きな問題にはならな

かったようだ。その理由について，観光社会学者の E. コーエンは，実際の観光の場面でイメージと現実のギャップを埋めるための試行錯誤がトレッキング・ガイドによってなされていることを指摘している（Cohen, 1996）。たとえば，コーエンは次のようなエピソードを紹介している。ある山地の村では，観光者が来ると少女らが踊りを演じる。その踊りは，ガイドが事前に金銭を支払ったうえで演じてもらうものであり，いわば観光者向けの踊りにすぎない。しかしガイドは，こうした経済的取引について観光者に説明することはなく，「少女たちは伝統的な踊りの練習をしている」と説明するという。それに対して観光者は，ガイドの語りに疑いの目を向けることもなく，あたかも真正な経験をしたかのように満足するという（Cohen, 1996：62）。こうしたガイドの語りを通じた「演出」によって，観光者の「真正な経験」が構築されていくのである。

　同様のことは，豊田三佳の民族誌のなかでも報告されている。彼女が調査を行なったアカの村では，村の女性たちがトレッキングで疲れた観光者にマッサージを行う。女性たちがマッサージをするのは，手っ取り早く現金が得られるという経済的な動機が強いのだが，ガイドが「男性に仕える従順な女性の象徴」と説明することで，観光者は「伝統文化」の一側面を体験したと満足するという（豊田, 1996：135）。

　この二つの事例からわかることは，トレッキング・ツアーのガイドは「通訳者」というよりも，ホスト社会の文化を「解釈」し，ゲストに伝える「文化仲介者（cultural broker）」であるという点である（豊田, 1996：133）。観光者は，山地民の文化を文化仲介者であるガイドのフィルターを通じて，「理解」していくのである。

　観光者が期待するイメージに合った解釈をすることで，観光者の欲望を満たしてくれる文化仲介者の存在は，エスニック・ツーリズムが「商品」として成り立つためには必要なことかもしれない。しかし，表象の政治学という視点を踏まえるならば，山地民の観光表象が不均衡な力関係のもとで生産されているという点にも目を向ける必要があろう。

　もともと山地民観光は，山地民自身によって始められたものではなく，その運営に関して，彼らの発言権はほとんどないとされてきた（Cohen, 1996：75）。それをほとんど独占的に運営してきたのは，支配的な民族集団である平地タイ人である。そのなかでは，平地タイ人のガイドやツアー会社が文化仲介者として山地民の文化を一方的に語るという権力を行使する立場にあったのである。さらに，ガイドのなかには山地民の生活や慣習に関する知識が欠如しており，タイ社会で流布している

ステレオタイプなイメージにもとづいて観光者に説明をするケースもあったという（豊田, 1996；Cohen, 1996）。

　以上を踏まえると，山地民観光には，外部者による山地民イメージのみが観光産業を通じて流通する一方で，山地民自身が自文化を外部に向かって表現する機会が限られているという表象の政治学がみられる。

　こうした状況はタイ北部に限った話ではない。たとえば，メキシコのエスニック・ツーリズムについて論じたP. ファン・デン・バーグも，先住民族（インディヘナ）のような国民国家のなかで従属的な「第四世界」的状況にある人びとが観光対象となる一方で，ツアー会社やガイドなどの仲介者（middleman）は国内の多数派民族集団（メスティーソ）が担っていることを指摘している。そして，こうした「エスニックな労働分業（ethnic division of labour）」は，多くのエスニック・ツーリズムの現場でみられることだという（van den Berghe, 1994）。

3 表象の政治学に抗って

　では，観光の文脈における表象の政治学にいかに抗うことができるのか，本節ではこの問いに対して，①ゲスト（観光者）の視点，②ホスト（先住・少数民族）の視点に分けたうえで，それぞれの可能性について考えてみたい。

3-1　観光者のエージェンシー

　観光表象をめぐる従来的な議論では，その生産・流通にみられる権力関係に注目するあまり，それを受容する観光者についての考察は十分に行われてこなかった。言い換えれば，観光者は，メディアを通じて生産された観光のまなざしを無批判に受け入れる受動的な存在として扱われてきたのである。しかし，近年の観光研究では，観光者のエージェンシーを認め，その可能性について示唆する研究が散見される。

　たとえば，D. マキァーネルが提起する「第2のまなざし（the second gaze）」はその一例といえる。ここでいう「第2のまなざし」とは，観光者のエージェンシーに着目することで，実際の観光の現場で生起しうるまなざしの変容可能性について示唆するものである（MacCannell, 2001）。すなわち，観光者が事前に抱いていたステレオタイプな観光表象（第1のまなざし）が，実際の観光の現場で融解・変容していく点に着目することで，従来の決定論的な側面を乗り越えようとするものであ

る。

　たしかに，観光の場面での偶発的な出会いや発見の連鎖によって，意図せずその場所を取り巻く複雑な背景や問題についての深い理解・思考が生まれることはあるかもしれない（須永, 2016）。こうした観光の潜在的な可能態に着目するマキァーネルの議論は，表象の政治学を乗り越えるための一つの可能性を示しているといえる [9]。

　ただし，こうしたテーマに関する実証的な研究はまだまだ少なく，さらなる理論的深化を目指すためには，観光者のエージェンシーを具体的に描いたエスノグラフィックな研究を蓄積していく必要がある。

3-2　エスニック・ツーリズムから先住民観光へ

　エスニック・ツーリズムにみられる権力関係に抗う試みは，当の先住・少数民族の人たちの間でも 1990 年代以降活発になっていく。特に国連が 1993 年を「世界の先住民の国際年」と制定したことをきっかけに，先住民族による権利回復運動が活発化していくなかで，先住民族の人びとが自律的な観光形態を模索するようになっていったのである。こうしたなか，先住・少数民族の人びとが主体的に管理・運営するような観光形態として「先住民観光（indigenous tourism）」という用語が注目されるようになってきた（山村, 2011：122-123）。

　北タイにおいても，一部の山地民が自らを先住民族と再定義し，国際的な先住民ネットワークと関係を結びながら，自らの文化発信の機会を増やしてきている。こうしたなか，従来的なトレッキング・ツアーの構造に抗って，独自の観光実践を NGO などと協働で模索する動きも高まっている（須永, 2012：2017）。

　このような動きは，これまで一方的に表象される側だった人びとが，自分たちの存在や声を直接発信していくための手段を模索するなかで生まれた新たな観光実践であり，表象の政治学に抗う取り組みとして積極的に評価しうる。

　しかし，先住民族といっても決して一枚岩ではない。先住民族自身による自己表象の機会が増えているといっても，その表象を生み出す主体は先住民族内部のなかでもヘゲモニーをもった地域や個人に限定されている場合も少なくない。それゆえ，

9）マキァーネルの「第 2 のまなざし」議論は，「二次創作」を自らの観光実践によって「原作＝本来の姿」に近づく・読み換えるという東浩紀の議論と共鳴するものといえよう（東, 2017：52-58）。

先住民族内部での「代表性」（古谷, 1996）をめぐるコンフリクトが生じるなど，先住民族間あるいは同じ先住民族内で表象の政治学が生まれる危険性は否定できない（cf. 須永, 2017）。

　さらに，観光の文脈で生み出される可能な文化表象とは，結局のところ観光者が受け入れ可能な差異，言い換えれば消費可能な差異のみなのではないかという懸念もある。たとえば T. モーリス＝スズキは，国民国家のなかでマジョリティの側から先住・少数民族の文化や存在が受け入れられることがあっても，多くの場合 3F（food, fashion, festival）に代表されるような，消費可能な審美的枠組みとしての文化に限定され，マイノリティの人びとが抱える複雑な問題を乗り越えるものにはなり得ていないという点を指摘している（モーリス＝スズキ, 2002：154–155）。こうした受入可能な文化的要素の取捨選択は，観光においても同様にみられるであろう。

　そうであるならば，部分的に切り取られた観光者にとって都合の良い「文化」の消費を超えた形で，観光を通じた他者との関係や対話を深めていくことがいかにして可能か，こうしたことを考えていくことが，新たな観光＝旅の地平を切り開いていくためにも必要なことかもしれない。

【引用・参考文献】

アーリ, J., & ラースン, J. ／加太宏邦［訳］（2014）．『観光のまなざし〈増補改訂版〉』法政大学出版局（Urry, J., & Larsen, J.（2011）. *The tourist gaze 3.0*. London: Sage.）

東　浩紀（2017）．『観光客の哲学』ゲンロン

今福龍太（2003）．『クレオール主義〈増補版〉』筑摩書房

クリフォード, J. ／太田好信・慶田勝彦・清水　展・浜本　満・古谷嘉章・星埜守之［訳］（2003）．『文化の窮状──二十世紀の民族誌学，文学，芸術』人文書院（Clifford, J.（1988）. *The predicament of culture: Twentieth-century culture, literature, and art*. Cambridge, MA: Harvard University Press.）

サイード, E. ／今沢紀子［訳］（1993）．『オリエンタリズム（上）（下）』平凡社（Said. E.（1978）. *Orientalism*. New York: George Borchardt.）

サイード, E. ／浅井信雄・佐藤成文・岡　真理［訳］（2018）．『イスラム報道──ニュースはいかにつくられるか〈増補版・新装版〉』みすず書房（Said, E.（1981）. *Covering Islam: How the media and the experts determine how we see the rest of the world*. New York: Pantheon Books.）

清水昭俊（1992）．「永遠の未開文化と周辺民族──近代西欧人類学史点描」『国立民族学博物館研究報告』*17*(3): 417–488.

清水昭俊（1996）．「植民地状況と人類学」青木　保ほか［編］『思想化される周辺世界』

岩波書店, pp.1-30.

須永和博（2012）．『エコツーリズムの民族誌——北タイ山地民カレンの生活世界』春風社

須永和博（2016）．「他者化に抗する観光実践——釜ヶ崎のまちスタディ・ツアーを事例として」『観光学評論』*4*(1): 57-69.

須永和博（2017）．「周縁へのまなざし，周縁からの応答——タイ北部におけるコミュニティ・ベースド・ツーリズム」『Encounters（獨協大学外国語学部交流文化学科紀要）』*5*: 1-14.

豊田三佳（1996）．「観光と性」山下晋司［編］『観光人類学』新曜社，pp.131-140.

永渕康之（2007）．「観光と宗教の活性化——インドネシア・バリを中心に」山下晋司［編］『観光文化学』新曜社，pp.103-108.

古谷嘉章（1996）．「近代への別の入り方——ブラジルのインディオの抵抗戦略」青木保ほか［編］『思想化される周辺世界』岩波書店，pp.255-280.

モーリス゠スズキ，T.（2002）．『批判的想像力のために——グローバル化時代の日本』平凡社

モルトン，P.／長谷川章［訳］（2002）．『パリ植民地博覧会——オリエンタリズムの欲望と表象』ブリュッケ（Morton, P. A.（2000）. *Hybrid modernities: Architecture and representation at the 1931 Colonial Exposition, Paris*. Cambridge, MA: MIT Press.）

山下晋司（1999）．『バリ観光人類学のレッスン』東京大学出版会

山村高淑（2011）．「エスニックツーリズム」山下晋司［編］『観光学キーワード』有斐閣，pp.122-123.

吉見俊哉（1992）．『博覧会の政治学——まなざしの近代』中央公論社

Cohen, E.（1996）. *Thai tourism: Hill tribes, islands and open-ended prostitution*. Bangkok: White Lotus.

Dearden, P., & Harron, S.（1992）. Tourism and the hilltribes of Thailand. In B. Weiler & M. C. Hall（eds.）, *Special interest tourism*. London: Belhaven Press, pp.95-104.

MacCannell, D.（2001）. Tourist agency. *Tourist Studies*, *1*(1): 23-37.

van den Berghe, P. L.（1994）. *The quest for the other: Ethnic tourism in San Cristobal, Mexico*. Seattle, WA: University of Washington Press.

第7章

観光経験
旅がわたしに現れるとき

【基本概念】
観光経験，経験／体験，リアリティ／アクチュアリティ，観光経験の五つのモード，他者の中心，再帰性，観光の「枠」，観光を超える観光

門田岳久

1 はじめに：主体にとっての観光

　旅は楽しさだけでなく苦痛や困難を伴うものである。バックパッキングの旅でなくとも，空港での搭乗手続きや乗り換えは手間取るし，言葉がわからなければ道にも迷う。しかし，そうした喜怒哀楽も時が経ち，一緒に旅をした友人や家族を思い出すとき，すべてが懐かしく，自分の精神の土台となり，また時に幸福の象徴として記憶される。逆に旅でとてもイヤなことがあったなら，楽しい記憶も一つのその思い出にかき消されてしまうかもしれない。

　実務の研究から出発した観光研究では，ホテルや旅行会社などもっぱら「財」を生産するシステムに着目してきた。しかし，観光は旅をする人や受け入れる人を抜きには成り立たない。旅における人間の行為や感情，思考，そして旅の出来事が後の自己に作用したことを，ここでは観光経験と呼んでおきたい。観光現象が人間にどう経験されるのかに注目してきたのが，人類学における観光の研究である（橋本，2011）。

　経験された現象として観光を考えるというと，観光客の心の動きを捉える心理学的な研究かと思うかもしれない。だが人類学では，実験を通じて「心の中」を科学的に探るよりも，観光という現象を人がどう受け止め，どう解釈しているのか考えようとしてきた。観光現象の主体である人間の主観的な側面に注目しようとしているのである。「私にとって何かが経験されることは，何かが私にとって現れること（＝現象性）である」（植村ほか，2017：15）。そのようにいえるならば，観光経験という言葉でわれわれが考えようとしていることは，観光が私たちにとってどのように「現れる」のか，という問いだ。

　では，このような観光を通じた経験は，他の実践を通じた経験と何が異なるのだ

ろうか。移動や宿泊を通じて喜怒哀楽を感じることならば仕事や留学にもいえる経験だろうし，日常から離れて新たな価値観に出会うならば，巡礼や登山とも重なりうる。このように，宗教やスポーツと旅との間には断絶があるわけではない。宗教やスポーツは，私たちにとってどのように「現れる」のか？　それは観光とまったく違う現れ方なのだろうか？

　観光学ではしばしば，「観光経験」や「観光行動」など，「観光」という接頭語を冠することでそれが人間の一般的な生のあり方から切り離された特殊な営みであるかのように表現する傾向があるが，むしろ観光が他のさまざまな領域の延長上にあると捉えた方がよい。差異が相対的なものでしかないのだとすれば，他の何ものにも代えがたいものとして観光経験を説明するのではなく，他と重なりながらも浮かび上がる「観光っぽい」（と人びとが思う）ものを捉える視点が必要だ。

　そこで本章では，まず経験という概念について確認したあと，他の領域との相対性において観光経験を捉えるため，宗教経験と比較してみたい。なぜなら，観光に関する教科書では巡礼などの宗教的な旅が近代観光のルーツであると説明されたり，観光経験を極めていくと宗教的な経験と同様になると説明されたりするように，両者が別物ではなく同一線上に並んだものとして捉えられているからである。仮に両者が類似の経験であるとすれば，どのような点が似ていて，どのような点に違いがあるのかという比較を行うことで，現代における観光経験の相対的特色を導き出してみたい。

2　経験としての観光

2-1　経験とは何か

　経験（experience）という語は，個人の心的現象や身体的現象として生起した出来事に着目した概念である。この概念について考察を重ねてきたのが現象学と呼ばれる分野である。現象学は 20 世紀初頭にドイツの哲学者，エトムント・フッサールによって提唱され，その後，同じくドイツのマルティン・ハイデガーやフランスのジャン゠ポール・サルトル，モーリス・メルロ゠ポンティらによって発展させられた哲学の一分野である。

　現象学はある事象がいかにして立ち現れるかを考える分野であるが，それまでの哲学や心理学のように心の中の動き（内在）として捉えるのではなく，また逆に，すでに客観的に存在する出来事として捉えるのでもなく，いわば主観（主体）と客

観（客体）の対立を超えようとする思考のスタイルだといってよい。そのために
フッサールは，私たちが普段特に意識することなくやりすごしているさまざまな態
度（これを自然的態度と呼ぶ）を振り返り，世界経験がわれわれにとってどのよう
に現れるのか，という反省的な思考を行うことを目指す（木田, 1970）。

　私たちにとって事象はどのように現れるのか，という問いは，私たちは世界をどの
ように経験するか，と言い換えることができるだろう。この場合の経験とは，外界か
らの刺激に対する喜怒哀楽や情動，痛みや快感といった，言語化の難しい身体的・知
覚的な現象が思い浮かぶが，それだけではない。たとえば，出来事に対して人がどの
ように感じ，解釈しているのかという思考的な現象も含んでいる。経験は「感情と思
考とが複合したもの」（トゥアン, 1988：24）であり，私たちは日々，このような意味
での経験を積み重ねて生きている。そして「経験値」「経験者」という言葉があるよう
に，さまざまな感情と思考を積み重ねることは人生の豊かさとして評価される。地
理学者のイーフー・トゥアンは，経験という概念には「自分がこうむってきたことか
ら学ぶ能力」という意味が含まれているとする（トゥアン, 1988：22）。

　積み重ねられたものという点からわかるように，経験は，それに言及したり学ん
だりしようとする時点ですでに過去のものである。たとえばご飯を食べて「おいし
い」という知覚をあなたが得たとする。しかしあなたは事後的にその知覚を同じ形
で再生することはできず，「3日前に食べたご飯がおいしかった」という，過去に関
する記憶として言及するほかない。このように過去を思い出すことをここでは想起
と呼んでおこう。すべての出来事は，それをやり終えた瞬間から過去として想起さ
れることでしか存在しえない。

　もし3日前に食べたご飯があなたにとって大切な人との楽しい食事だったとすれ
ば，おいしさの記憶は，楽しさや幸せというコンテクストで想起される。事後的な
想起を経て呼び起こされた過去の知覚は，さまざまな解釈や意味づけを伴っており，
すでに当時の知覚そのままではない。

　哲学者の野家啓一は，日本語に「体験」と「経験」という似た言葉が別々にあるこ
とに注目する。野家は今現在の知覚や見聞嗅触が「体験」であるとする一方，過去
の体験を「われわれの信念体系の脈絡の中に組み入れ，それを意味付け」たものが
「経験」であるという（野家, 2005：114）。同様に社会学者のアルフレッド・シュッ
ツらも，「体験は，事後的に解釈され，十分に境界づけられた経験であることが私
にわかる場合にはじめて，有意味になる」と述べている（シュッツ＆ルックマン,
2015：65）。

　ただ，経験が事後的な想起によって意味を付与されるものだとしても，そのこと
は，過去における体験の実在を否定するものではない。あなたが今思い出す「3日
前に食べた食事のおいしさ」が事後的に形成された想起的記憶だとしても，3日前
のそのときその場所で確かに感じた「おいしさ」は，その時点では実際に存在した
のだ。そのとき実在した，ということを精神科医の木村敏は「アクチュアリティー」
と呼んでおり，それを時間の流れに位置づけることで，自分自身にとって意味のあ
ること，リアルなこととして事後的に捉え直したものを「リアリティー」と呼んで
いる（木村，2005：10）。これも，体験と経験に相当するものである。

　以上から，経験とは過去の体験に対する主観的な解釈を経たものであるというこ
とができる。つまり過去の体験を想起し，いかなる出来事だったのかを自分なりに
意味づける作業を要するということだ。私たちは，さまざまな体験をした過去の旅
を思い出しながら「自分が大きく成長した旅」などのように言語化し，自らの経験
として蓄積するだけでなく，他者にも伝えることができるになる。観光客にとって
は，言語化という行為は旅を経験として形にし，他者と共有可能な状態にすること
である（遠藤，2011）。

2-2　観光経験のモード

　経験概念をもとに観光現象を捉えるのは，人間を中心にみていこうとする現象学
的な観光研究である[1]。そのような視点を前面に出しているのがエリック・コーエ
ンによる観光経験のモード論である。現象学的社会学を専門とするコーエンは，観
光客の観光経験を五つのモードによって類型化した。その図式は観光学の教科書で
必ずといってよいほどふれられるものであり，時代的な制約はあるが今でも学ぶべ
きところが多い。

　現代社会のマーケットは一元的でなく，人びとの趣味趣向はセグメント（断片）
化している。それに伴って旅行市場もまたかつてのようにマスツーリズムが支配的
な時代ではなく，さまざまなタイプの旅が求められ，観光経験も多様化している。

---

1) それはちょうど，土地や空間の客観的な指標をもとにした既存の地理学に対抗しようと
　する，人間主義的地理学のようなものである。レルフ（1999）やトゥアンによる試みが，
　観光経験を論じるコーエンらと同様にフッサールやシュッツにルーツをもつ現象学，ま
　たベルクソン（2019）をルーツとする「生の哲学」を基礎としていることは示唆的であ
　る。観光研究・観光学は複合的な学問分野なので，その理論や方法論を構成している
　個々の分野にも目を向けたい。

表7-1　コーエンによる観光経験の五つのモード

レクリエーション・モード（recreation mode）
気晴らしモード（diversionary mode）
経験モード（experiential mode）
試行錯誤モード（experimental mode）
実存モード（existential mode）

　コーエンによるとそれは五つのモード[2]に分けられるという（表7-1）。名称からわかるように，レクリエーション・モードや気晴らしモードは娯楽的・マスツーリズム的な様相を呈するが，経験，試行錯誤，実存の各モードではシリアスな旅の形が求められる。それはコーエンによると「真正性」（オーセンティシティ）への見方の違いとして説明される。

　レクリエーション・モードや気晴らしモードにおいて人はリラックスしており，訪問先で見聞きする文化，習俗，土産物などが客観的に観て「本物」かどうかに厳密にこだわらない。旅を楽しむことができるのであれば，たとえそれが観光用に演出された真正性だとしても受け入れることができる。受け入れるかどうかの基準は自分自身にとって楽しさや心地よさを感じられるかどうかであり，真正性の基準は主観的なものとなる。といってもそれはフェイクの観光資源にだまされている愚かな観光客というわけではなく，旅を愉快に演出するために旅行業者やホスト社会によってしつらえられたステージをあえて楽しもうとする意味で，「ゲームに参加している人たち」（コーエン, 1998：43）なのである。

　他方，経験，試行錯誤，実存のモードになると真正性の基準はきびしくなる。こうしたモードを求める人びとは産業による演出や作為を嫌がり，「ゲーム」に好んで参加することはない。むしろ演出の裏側にある他者の生にこそ真正性があると期待する。ここでいう他者の生とは，異郷へ旅をした際に出会うことのできる人びとの日常生活であり，もっというと，他者を支える宗教的，文化的，精神的な面での価値観や考え方である。

　つまり試行錯誤や実存モードにおいて，観光客はモノや儀礼として物象化された

2）遠藤英樹は experimental mode を「体験モード」と訳しているが，中谷哲弥は「試行錯誤モード」と訳しており，このほうがおそらくコーエンの原義には近いと思われる（中谷, 2004）。よってここでは「試行錯誤モード」の訳語で統一した。

他者の文化ではなく，形のない文化や価値観そのものへと真正性を見出そうとする。なぜならばこうした無形の文化や価値観こそが自己と他者を分かつものであり，他者の文化や価値観を見聞きし，時にそこに入り込んでいくことこそが，彼らにとって至上の観光経験になるからである。

3 中心と実存

3-1 中心に向かう旅

　誰もがもっている人格形成の基礎となる文化的，宗教的な価値観を，コーエンは「中心」（center）と呼んでいる。地理的な意味ではなく精神的，象徴的な意味として用いられており，個人的価値観というよりは，文化的，宗教的な共通性を有する集団レベルでの価値観というニュアンスがある。旅が異郷への非日常的な移動であるとすれば，観光経験とは，自分の中心を離れて周辺に向かい，他者の中心を見聞きしたり実践したりすることなのである。

　観光客は五つのモードごとに「他者の中心」にどのような態度を取るのか明確に違いがある。コーエンによると，レクリエーション・モードでは，観光客は他者の暮らしを垣間見るだけで，決して自らの中心から離れようとしないし，旅行で異文化にふれあってリフレッシュし，再び元の日常生活にもどっていく。気晴らしモードもまた余暇を楽しむ観光客だが，やや様子が異なるのは，このモードの人は自らの中心から疎外され，もはやそこに意味を見出していない。「退屈でつまらない日常」をただ送っているだけであり，だからこそ旅に出ても他者の中心に意味を求めようとせず，気晴らしの旅を終えて日常にもどっていく。コーエンが「現代社会の病理」と述べるように，それは産業社会でアノミー状態に陥った都市住民の姿である。

　他方，経験，試行錯誤，実存モードの観光経験を欲する人びとは，自らの親しんできた中心に固執しない。彼らもまた疎外された人びとであるが，中心に対して無関心な気晴らしモードと異なって，自己の中心に満足せず，積極的な問題意識をもっている。ゆえに彼らにとって旅の目的は中心から離れて他者に出会い，そこに生きる意味があるのではないかと期待し，できるだけ近づくことにある。経験モードでは，遠巻きに他者の中心に真正性を感じ，眺めている状態にあるが，試行錯誤モードでは他者の中心に更に近づこうとし，生活を共にするなど試みる。実存モードではついに他者の中心を自己の中心へと置き換える。いわばオルタナティブ（代替的）な生き方を積極的に探す巡礼のような旅である。

演出されたパフォーマンスを十分に楽しみ満足することのできるレクリエーション・モードと違い，経験，試行錯誤，実存モードの人びとは形のみえない他者の中心に近づくべく格闘する。試行錯誤と訳される experimental という言葉どおり，その格闘は全身体でもがき，到達点のあやふやな他者の中心を追求しようとする姿である。実存，つまり主体にとっての存在のありようをすべて入れ替える経験を，コーエンは観光の究極形態と見なしたのである。

3-2　宗教と観光の境目

　試行錯誤モードや実存モードの観光経験の具体例としては，第二次世界大戦後のヨーロッパやアメリカで流行したヒッピームーブメントやコミューン運動，また「自分探しの旅」など，さまざまな実践を挙げることができる。自己の価値観が180度変わる旅という意味では留学や探検，世界一周旅行なども類例だろう。それらは中心を刷新することで，自己という存在を根本から入れ替えようとする存在論的な観光である。

　試行錯誤，実存モードは宗教そのものではない。しかし，コーエンのいうこれらのモードが宗教経験と重複していないと断言することもまた難しい。これらのモードが「宗教的」に映るとすれば，それはなぜなのだろうか。これを考えるために，まず宗教研究において宗教経験がどう定義されているのかを確認してみたい。

　宗教人類学者のマクガイアによると，宗教を機能面から見た場合，そのもっとも重要な要素は「意味の供給」である。人が未知なものに出会ったり困難に至ったりした際に解釈の枠組みを提供したり，人びとにとって何が大事で，何が大事でないかという線引きの基準を提供したり，人生をマネージメントする力や理想を与えたりする機能である。宗教がもたらす価値観は聖なるものに対する信念（信仰）として表れるが，単に個人の心的な状態だけでは宗教は形にならない。教会や信徒組織，民族集団などの宗教共同体は意味を供給する装置である。個々人は信仰や儀礼を通じて宗教共同体に参加するが，その過程で宗教経験が生み出される。この場合の宗教経験とは，「個人の聖なるものへの主観的関与のすべてを指す」が，コミュニティにおいて共有された意味を求めるため，人は信仰表現を行い，儀礼に参加し，共同体において意味を獲得していく（マクガイア, 2008：42）。

　マクガイアが述べている「意味を供給する装置」としての宗教や，聖なるものへの信念といった用語で宗教を捉えるならば，それはコーエンのいう中心の概念とほとんど同じといってよい。だからこそ，他者の中心をただの楽しみの要素として眺

めるレクリエーション・モードと違い，他者の中心を理想化し，自らにとって代替的なものへと差し替えようとする試行錯誤や実存モードの観光経験がまるで宗教的な信仰に向かっていくようにみえるのである。

コーエンのいう実存モードのモチーフは，新たな価値を求めて巡礼の旅に出た人が，自らの日常にはない超越的な知識や身体能力をもった他者に出会い，ついには他者の中心を自らの中心としてしまう，新たな実存を手に入れる旅路である。こうしたモチーフは生まれ変わりの物語として小説や映画でも繰り返し用いられてきた。アメリカのヒーロー映画などでは主人公が超人的な力を身につける過程で，チベットや中央アジアとおぼしきエリアで精神修養と武術修行を行う場面がしばしば登場する [3]。欧米に生まれた主人公がアジアの宗教観に出会い，それに根ざしたワザと精神性を体得する。それはまさに他者の中心を自らの中心に入れ替えることで生まれ変わるプロットである。

3-3 観光経験とユートピア思想

ここまでみれば，実存モードを到達モデルとするコーエンの観光経験論は，宗教的な旅を範型にしていることは明らかである。レクリエーション・モードをマスツーリズム的な，真正性への期待が低い旅として一つの極に置くとすれば，その対極にある実存モードは，まるで巡礼のような精神性や宗教性が高いもの，また強い真正性への期待と新たな実存への旅路として描かれている。

巡礼や宗教性の高い旅を観光のある種の理想像とみなすのはコーエンに限らない。観光人類学者のグレイバーンは，近代における観光の本質は「疑似イベント」や一時的な消費行為としての遊興ではなく，「真正性への探求」や「聖なる旅」だという（グレイバーン，2018）。コーエンやグレイバーンのように，観光経験が高次になっていくにしたがって宗教経験と類似してくると述べる人びとは，日常は堕落やつまらない些事の連続である，という見方を共有しており，逆に非日常には近代から疎外された，真正／神聖な世界が広がっているのではないかという期待感がある。巡礼的色彩の強弱，新たなる中心の探求といったメタファーで観光経験を分析していく彼らにとって，宗教は近代社会が失ったもっとも「尊い」経験領域なのである。このような見方は現代の知識人層に見られる典型的な日常性批判の言説であるとと

3）たとえば『バットマンビギンズ』（2005 年）や『ドクター・ストレンジ』（2016 年）などを例示できる。

もに，そこから発展したユートピア思想である（山中, 2012：3）。

　コーエンにおいて他者の中心とは理想化されたユートピアであり，実際にそれが存在するかどうかよりも，日常から疎外感を感じている人びとにとって，いざとなれば逃げ場になる理念上の回避地なのである。こうしたユートピア思想は先に述べたようにコミューン運動やヒッピームーブメントなど，第二次世界大戦後の先進国社会を広く覆った大衆消費社会批判と軌を一にしている。そこには加速する資本主義からの脱出，オルタナティブな中心の追求といったテーゼがあり，今とは違う世界観の構築を目指すという意味では，世俗からの離脱を説く新宗教教団と論理構成においては同一線上にある。試行錯誤，実存モードの観光経験が宗教経験と類似しているように映るのは，このあたりにも理由があるだろう。

　ただし観光経験を通じて変革させるのは社会（他者）ではなく，自己自身である。そこが他の変革思想と異なるところであろう。社会運動や宗教組織が，他者と連帯したり信念を共有したりすることによって，新たな価値観や仕組みの誕生を促そうとするものであるとすれば，観光の焦点は個人である。日常を脱した個人が他者の中心に近づき，その価値観や考えを内面化することによって，自分自身が変わっていくということに集約される。

　もちろん現代の観光の中には貧困や地域課題の解決を目指すようなものもあり，特にホスト社会が観光を公共性の高い現象に再定義する動きが増えているが（江口・藤巻編, 2010），多くの観光客にとっては，それは依然個人的な動機に基づく実践である。観光客にとって，観光とは「旅する私」がどう変わるかに関心がある個人主義的な色彩の強い変革思想なのである[4]。

4 観光を形づくる「枠」

4-1 再帰的行為としての観光

　観光経験と宗教経験との異同において興味深いのは自己への向き合い方である。旅をした人はその出来事を事後的に振り返ったり，旅日記やブログを書いたりすることで観光経験を形作る。過去の出来事の想起は常に自己相対化の営みであり，そ

---

4) マスツーリズムを批判する観光の形が消費社会批判の色彩を持っていながらも，結局は消費行動の延長上に留まってしまうのは，こうした個人主義的なところと関係している（須藤, 2012）。

の意味で再帰的行為であるといえる。ここでいう再帰的とは，再帰性（reflexivity）という用語に基づいている。これは，ある事象に関する言及がその事象の性質そのものを規定するという意味である。よりわかりやすくいうと，私たちが自らの行為を観察し，その特色なり長短所なりを分析し，次にどのように行為すべきか自分自身に言い聞かせるようなものである。自分自身についての省察や意味づけが，自己を規定し作り替えていくという，ループ構造をもったまなざしだ。社会学者のアンソニー・ギデンズは，個人のレベルから社会システムのレベルまで，このような再帰性が際限なく繰り返されることが近代社会の特徴であるという（ギデンズ, 1993）。

　その意味で，近代の現象である観光はそもそも再帰的な実践である。なぜなら，自分でも気付かずいつの間にか旅をしている，気付いたら観光をしていた，などという事態は起こりえないからだ。私たちは「今自分は観光をしている」ことを十分自覚しながらそれを行う。橋本和也がいうように，観光は異郷において「一時的な楽しみ」（橋本, 1999：28）を売買する行為だとすれば，終わりが来る「一時的」なことだと常に意識しながら旅をしているのである。

　人類学者の箭内匡は，観光というものが「これは観光である」という「枠」をもつこと（カッコに入れること）によって成り立つものだと述べている。「「これは自分の人生の中でカッコに入った部分であり，いわば仮の部分である」ということを自覚しており，それが観光を観光たらしめている」のだという（箭内, 2018：224）。このことは，ある一定のルール内で「これはゲームだ」という自覚とともに行われるスポーツや，レクリエーション・モードの観光経験にも当てはまる。いずれも自らの行為に再帰的な視点をもち，「仮の部分」だと認識することで成り立つ。

　では試行錯誤モードや実存モードはどうだろうか。観光客ははたして「枠」の存在をあらかじめ自覚しているのだろうか。また，彼らは自分が観光をしているのだという再帰的なまなざしをもっているだろうか。これこそがまさに，宗教経験と実存モードが重なり合うポイントである。

4-2　巡礼者に見る「枠」のはみだし方

　この問いを明らかにするためには現代の巡礼者を考えてみればよいだろう。四国遍路のような日本の巡礼，またサンティアゴ・デ・コンポステラ（スペイン）に至るヨーロッパの巡礼は宗教的な由来をもちつつも，現代では自らを「無信仰」と称する大勢の巡礼者でにぎわっている。ここで彼らがいう無宗教とは寺院や教会といった旧来の宗教組織に属さず，仏教なりカトリックなりの教義や信仰から距離を

取っているという意味である。

　では彼らは自身を観光客と認識しているかというとそうではなく，むしろ宗教的な雰囲気の強い旅程に身を投じることにより，通常の観光経験では得られないようなスピリチュアルで，精神性の高い経験を得ることを志向している。宗教社会学ではこうした現象はポスト世俗化と呼ばれ，しばしば"Spiritual but not Religious"（無宗教だがスピリチュアル）と呼ばれている（Fuller, 2001）。その意味で，現代の巡礼者は宗教的であるとともに，実存モードの観光経験を目指す人とも重なり合っている。

　筆者は四国遍路のバスツアーのフィールドワークを行なった際，最後の札所（寺院）に近づく頃になると多くの巡礼者が巡礼の旅路を思い起こし，それまでの人生と重ね合わせることで感涙し，時に「奇蹟」のようなことを体験する姿をみることがあった。ある女性は結願（88 カ所の参拝を終えること）の朝，夢枕に亡き父が現れたと述べていた。また別の女性は足腰が悪かったのに巡礼のおかげでスタスタと歩けるようになったと語った（門田, 2013）。

　こうした一見不思議な話はスペインの巡礼路でも多い。土井清美は徒歩巡礼のフィールドワークの中で，あるドイツ人巡礼者の体の悪いところや，誰にも告げていない家族のことをいきなり言い当てたペルー人の巡礼者がいたことを紹介している。また別のフランス人巡礼者は，道中で村人から犬を貰うことになったが，その犬がサンティアゴ・デ・コンポステラとは逆の方向に行こうとするので，その犬の通りに着いていった。結果，聖地にはたどり着かなかったが，彼は「起こることを全て受け止める旅にする」と決めていたため，自らの意志よりも，犬の導きに従ったのだという（土井, 2015：207-209）。

　シリアスに旅を続ける現代の巡礼者たちは「観光」だと言われることを嫌がる。なぜなら自分たちの営みは「枠」で囲った「仮の部分」ではないのだ，という意識があるからだ。「枠」に囲うことはいわば，主体によって旅程のみならず旅で得られる感情や思考をもコントロールできる，というニュアンスがある。しかし巡礼者にとって，旅の出来事は自分の意志や行為によって選択したりコントロールしたりできる部分ばかりではない。苦労とともに道中を移動することは，足や肩の痛みを伴い，言うことを聞かなくなる身体に翻弄されることであるし，時に不思議な出来事に遭い，動物や道など人間以外のものにも左右されるため，「人生の仮の部分」のように意図して切り抜いたり，カッコにくくったりするような経験とは対極にある。実存モードの観光経験＝宗教経験は，望むと望まざるとにかかわらず人が設けた「枠」から容易にはみ出てしまうところにその特徴がある。

4-3 内に向かう再帰性

自らを常にモニタリングし行為や思考をコントロールしていく再帰性の強いレクリエーション・モードの観光経験と異なり，自己以外の力に翻弄され続ける巡礼者には，自分という存在を冷静に相対化するまなざしがないようにもみえる。しかし彼らは，一見理解不能な出来事を自分なりに合理的に解釈しようとしたり，疑念を感じつつも自ら納得するように説明づけたりするのも確かである。

犬に導かれて巡礼をやめてしまったときに，「起こることを全て受け止める」という解釈を行うのは，本人なりの納得のための語りである。巡礼の旅で遭遇する奇蹟的な出来事は強烈なものである。死者の声を聞く，足腰が立つようになる，幻影を見る，何かを言い当てられるといった出来事は，「そんなことはあるはずない」と否定したい合理的な「常識」と，実際に見た・聞いた・感じたという否定しがたい知覚や情動の混在したものとして体験される[5]。この体験は旅の後々まで繰り返し想起され，反芻されることによって，「信じられないかもしれないが，実際に起こった」という旅の経験の物語へと形作られていく。

このような自分に生じた出来事に対する解釈もまた，一種の再帰的なまなざしであるといってよいだろう。だから，巡礼者たちに再帰性がないわけではない。しかしレクリエーション・モードの観光客のように，「枠」のなかに囲い，自らをコントロールするための再帰性とはやや異なっているのも確かである。それは，自分ではどうしようもない出来事を自分の「常識」と比較しながらなんとか理解していくような，自己の内面に向かって旋回していく再帰性である。内面に向かっていく分，着地点はみえにくい。周囲の人からみれば，自分だけの精神世界に没入しているような印象を与えるかもしれない。そのことは，コーエンが実存モードの説明で述べた，自己の中心を捨て去り，他者の中心へと進んでいく旅人の姿であるからだ。

5 おわりに

以上の説明から，観光経験と宗教経験とはどのように類似しており，どのように異なっていると結論づけられるだろうか。

---

5) それはまるで，呪術がたとえ客観的には間違っているとわかっていても，いざ呪術の「効果」に直面すると震撼したり，否定しがたい感情にとらわれたりすることで感じられる，呪術の二重性に似たようなものかもしれない（東, 2011）。

　マスツーリズム的な観光経験は，観光をしているという自覚とともに旅をする人の経験である。旅を自分の意志によってコントロールし，そこでの出来事によってその後の人生が翻弄されたり，大きく変えられたりすることはなく，一時的な「人生の仮の部分」として「枠」に括り，楽しんだ後はもとの世界へと帰って行くことができる。他方，現代の観光の中にはまるで巡礼者が行う宗教経験と見まがうようなものがある。そこで人びとは自分が観光をしているのだという意識すらない。

　自らの常識（つまり自分にとっての中心）を覆すような出来事に遭遇し，予想外のことが起こる旅は，後々自らの価値観や人生にも想定していなかったような影響を及ぼすことになる。人の生において経験がいかに立ち現れるか，という観点からみると，このような観光経験は自己への向き合い方において宗教経験とほぼ同じ地平にあるといってよい。

　現代社会には，ポスト世俗化的な宗教ツーリズムのように従来型の観光イメージを超越する事例がたくさんある。海外ボランティア，スタディツアー，まちづくりやＩターンなど，通常は観光の枠組みには入らないような人の移動も「枠」を超える観光であると位置づければ，観光人類学の射程は広がるだろう。もはや観光であるとすら思われていないこのような営みは，多様化・先鋭化する現代観光のフロンティアである。コーエンの観光経験論の本当の意義は，試行錯誤モードや実存モードの旅といった，旧来の観光研究では「観光」とすら思われていない旅を広義の観光現象として位置づけていることであり，言い換えると，「観光を超える観光」の領域を示した点にある。

【引用・参考文献】

東賢太朗（2011）．『リアリティと他者性の人類学——現代フィリピン地方都市における呪術のフィールドから』三元社

植村玄輝・八重樫徹・吉川　孝［編］（2017）．『現代現象学——経験から始める哲学入門』新曜社

江口信清・藤巻正己［編］（2010）．『貧困の超克とツーリズム』明石書店

遠藤英樹（2011）．「観光経験」安村克己・堀野正人・遠藤英樹・寺岡伸悟［編］『よくわかる観光社会学』ミネルヴァ書房，pp.52-53.

門田岳久（2013）．『巡礼ツーリズムの民族誌——消費される宗教経験』森話社

木田　元（1970）．『現象学』岩波書店

ギデンズ，A.／松尾精文・小幡正敏［訳］（1993）．『近代とはいかなる時代か?——モダニティの帰結』而立書房（Giddens, A.（1990）. *The consequences of modernity.*

Cambridge: Polity Press.）

木村　敏（2005）.『関係としての自己』みすず書房

グレイバーン，H. H. N.／土井清美［訳］（2018）.「観光——聖なる旅」スミス，V. L.［編］／市野澤潤平・東賢太朗・橋本和也［監訳］『ホスト・アンド・ゲスト——観光人類学とはなにか』ミネルヴァ書房，pp.25-46.（Graburn, H. H. N.（1989）. Tourism: The sacred journey. In V. Smith（ed.）, *Hosts and guests: The anthropology of tourism*（2nd edition）. Philadelphia, PA: University of Pennsylvania Press, pp.21-36.）

コーエン，E.／遠藤英樹［訳］（1998）.「観光経験の現象学」『奈良県立商科大学研究季報』9（1）: 39-58.（Cohen, E.（1979）. A phenomenology of tourist experiences. *Sociology, 13*（2）: 179-201.）

シュッツ，A., & ルックマン，T.／那須　壽［訳］（2015）.『生活世界の構造』筑摩書房（Schütz, A., & Luckmann, T.（2003）. *Strukturen der Lebenswelt*. Konstantz: UVK.）

須藤　廣（2012）.『ツーリズムとポストモダン社会——後期近代における観光の両義性』明石書店

土井清美（2015）.『途上と目的地——スペイン・サンティアゴ徒歩巡礼路 旅の民族誌』春風社

トゥアン，Y.／山本　浩［訳］（1988）.『空間の経験——身体から都市へ』筑摩書房（Tuan, Y.（1977）. *Space and place: The perspective of experience*. Minneapolis, MN: University of Minnesota Press.）

中谷哲弥（2004）.「宗教体験と観光——聖地におけるまなざしの交錯」遠藤英樹・堀野正人［編］『「観光のまなざし」の転回——越境する観光学』春風社，pp.184-202.

野家啓一（2005）.『物語の哲学』岩波書店

橋本和也（1999）.『観光人類学の戦略——文化の売り方・売られ方』世界思想社

橋本和也（2011）.『観光経験の人類学——みやげものとガイドの「ものがたり」をめぐって』世界思想社

ベルクソン，H.／杉山直樹［訳］（2019）.『物質と記憶』講談社（Bergson, H.（1896）. *Matière et mémoire: essai sur la relation du corps à l'esprit*. Paris: Félix Alcan.）

マクガイア，M. B.／山中　弘・伊藤雅之・岡本亮輔［訳］（2008）.『宗教社会学——宗教と社会のダイナミックス』明石書店（McGuire, M. B.（2002）. *Religion: The social context*（5th edition）. Belmont, CA: Wadsworth Thomson Learning.）

レルフ，E.／高野岳彦・阿部　隆・石山美也子［訳］（1999）.『場所の現象学——没場所性を越えて』筑摩書房（Relph, E.（1976）. *Place and placelessness*. London: Pion.）

箭内　匡（2018）.『イメージの人類学』せりか書房

山中　弘（2012）.「「宗教とツーリズム」研究に向けて」山中　弘［編］『宗教とツーリズム——聖なるものの変容と持続』世界思想社，pp.3-31.

Fuller, R. C.（2001）. *Spiritual, but not religious: Understanding unchurched America*. Oxford: Oxford University Press.

第8章

身　体
知覚の主体から感覚へ，そして世界との関わり方へ

【基本概念】
身体，観光のまなざし，身体感覚，身体化アプローチ／生態学的アプローチ，景観，技能

土井清美

1　身体とは

　自分が決めた目的地までバスに乗り，気になった土産物を手に取り，食べてみたいものを食べる。私たちは一般に，自分の体は自分の意志で動かしていると思いがちである。健康であればいたって身近な自分の体。しかし本当にそうだろうか？たとえば，待ち時間にスマホを取り出す。確かに自分でやっている動作だが，スマートフォンというモノが存在しなければしない行為だ。旅行といえば世界遺産やロケ地など誰かから「お墨付き」された場所に出かけてしまう。その旅行地に行くのは本当に自らが欲してのことなのか友人やメディアに影響されてのことなのか，はっきりとはわからない。自分の体なのに，そのふるまいの多くは周囲からさまざまな影響を受け，さらにややこしいことに，自分の意志でできる部分とそうではない部分を区別することはできない。そうした，一度考えだすとどこに本当の動作主があるのかわからない体の性質や感覚，身振りなどを「身体」と人文社会科学ではよぶ。身体はまた，物理的でもあり，生物的でもあり，社会的でもあり情緒的でもある。身体が大きすぎれば飛行機の一人分の座席に収まらないし，好物であってもその食材にアレルギーがあれば食べられないし，船酔いになればクジラ見物を楽しむことはとうてい叶わない。そのようなわけで観光経験（第7章）を理解するには身体への着目が不可欠であり，身体に光をあてた分析は観光人類学において今後さらに重要になっていくだろう。たんに見たいものを見，やりたいことを少しの間だけやりに出かけることだけが旅行ではないとすれば，わざわざお金を払って慣れない場所に自らの身体を移動させることにどんな意義があるのだろうか。観光を今日的な社会文化現象として分析するだけでなく，見知らぬ場所にしばらく身を晒すこ

との倫理も含めて捉えなおすために，この章では身体のなかでも特に身体感覚とそれを取りまくいろいろなモノたち（景観）に目を向けてみよう。焦点を合わせる先を「旅行客」ではなく「身体」にすることの意義がきっとみえてくるはずだ。

1-1　生身の身体：能動的でもあり受動的でもあり

　人文社会科学のなかでも観光研究では長らく，「まなざし」（視線を投げる観光客，見られる地元の人びとなど）（序章，第3章など）が旅行の際立った特徴として扱われていた。そのため目以外の身体に光があてられるようになったのは比較的最近になってからのことである（Veijola & Jokinen, 1994）。哲学者のミシェル・フーコーによれば，視覚は西洋近代社会における思考様式の中心的な役割を担い，五感のうちでもっとも高位にあるとみなされてきた。西洋近代医学のなかで育まれた，病を観察し診断し治療する医師の視覚はその好例である。その考えから転じた「観光におけるまなざし」とは，旅行客が何をどう見るかは彼ら自身の欲求が起点となっているのではなく，社会的に構築され制度化されたものであるというアイデアである（アーリ & ラースン, 2014）。たとえば，ビーチに行きたい，とイギリスの海浜地域に向けられることになった大衆のまなざしとは，産業革命後，労働者階級の生活が経済的に向上し，労働の合理化によって余暇が誕生し，鉄道が敷かれ，都市部の住環境が悪化するという諸々の社会的要素のなかから生み出されたものである。ある社会に生まれ落ち，言説や集団的な価値観をある程度内面化して生きる以上，旅行者の行動がある程度パターン化するのはなかば当然のことである。そのように考えると，単純に「見る」は能動的で「見られる」が受動的ということにはならないはずだ。見る旅行客の行為もまた自らの純粋な意思からではなく，社会的に方向づけられている。

　しかし残念ながらというべきか，人類学的フィールドワークでは社会的背景や社会関係の諸作用が旅行客の行為を誘導する，その現場を押さえることは容易ではない。さまざまな社会的な作用が，実際のところどのようにして身体に働きかけるのか。それを明らかにするためには身体へダイレクトに働きかけるものを現場からすくい上げる必要がある。一例として，機械というモノと繰り返し相互作用する身体を出発点とした，ラスヴェガスにおけるマシン・ギャンブリングについての研究（シュール, 2018）を紹介しよう。私たちはギャンブルと聞くと，伸るか反るかの大博打が頭に浮かぶが，しかし実際にスロット・マシンに興じる身体は，気まぐれで不安定な「人間の世界」から脱して，マシンの中の世界に没頭し，時間や金銭

感覚，社会的役割，ときには自分の存在感も宙づりになっている状態になるのだという。勝ったり負けたりはもはやどうでもよくなるのに，それでもコインを投入し続けるのは，不確実な世界への賭けではまったくなく，むしろ確実に没頭させてくれるマシンとの夢のような関係を終わらせぬためなのだ。そうやって身体のマシンとの反復的相互作用がギャンブル依存症を生み出し，さらに有効顧客一人当たりの収益が最大になるようテクノロジーが駆使されたマシンが再設計され，州の重要な収入になっている。ここで注目したいのは，身体とマシンとの繰り返しの関係とその効果に着目した業界や州政府が，より効率的な収益をめざして技術開発する点である。こうした身体と機械，そして技術開発と州政府の複雑な関係を丁寧にひも解くことで，物質的なものが何らかの仕方で——なかば意思とは無関係に——身体に作用していることが明らかになる。身体に着目といっても人類学的視座においては，それ自体へのフォーカスもさることながら，身体とモノとの関係から生じる独特の身体感覚を具体的かつていねいに把握することが重要になってくる。

2　身体感覚

　私たちは何らかの感動または体感（おいしい，おもしろい，楽しい）を求めるからこそ休暇を使って旅行に出かける。しかしどのような意思や期待をもって出発するにせよ，私たちは自らの身体をもつ限り，そして慣れない場所に身体をおく限り，求めたとおりの感動を得られるわけではない。ぜひ訪れてみたいと思っていたレストランの各テーブルの間隔が狭かったとき，客室でカメムシを見つけたとき，ショーの踊り手から発せられる迫力に接したとき，出来事の意味やその解釈とは別の，感覚的な経験をしている。

　感覚的な経験とは何か。定義は学問分野によって多様だが，意志や知性とは必ずしも関係のない，外界との原初的な関わり方の一つであり，おかれた天候や地理的条件，物理的状況や身体側の感度によって大きく変わってくるもの，という点ではおそらく異論はないだろう。感覚というものは身体内に備わっているものでも，外界が身体に一方的に与える情報でもなく，その両方があって初めて成立することを（生物学的には異論があれど）私たちは経験的に知っている。ではなぜ旅行において身体感覚への視座が重要になってくるのだろうか。次節では観光から離れたトピックも視野に入れながらそのことを説明していきたい。

2-1　見る感覚：他者化か共感か

　近年の観光研究では，視覚ばかりを扱う観点が批判されているが，現代生活において視覚はますます重要な役割を担っており，観光においても想起したり写真を撮ったりと，「見ること」への関心は依然高い（MacCannell, 2011）。しかしながら旅行先で他者像をつくりだす装置となる「まなざし」論におけるまなざしとは，具体的な肉体ではなく，社会や制度の影響を受ける心や意思が収まった容器としての抽象的な身体のことであった。では生身の肉体としての視覚は人類学的にどのように検討されてきたのだろうか。そこには二つの見解がある。一つめは，見ることは自己と他者の区別を生じさせ時に対立的な関係をつくるという見解である。よく知られているように，敵対的な状況にある哺乳類は相手に真っ向から視線を向け，共感的な状況ではむしろ互いを直視することは少ない。ここから想を得た人類学者のティム・インゴルドは，視覚が捉えるのは自分ではないものであり，対照的に「聴くこと」は音や空気といった体の外にあるものを体の中に取り込むプロセスだと指摘する（Ingold, 2000）。自分の姿は鏡でも見ない限りあまり目に入らないから，生身の肉体の「まなざし」もまた「他者」を生み出す身体感覚といえるかもしれない。二つめは，相手の行動を見ただけで自分が行動したときと同様の神経細胞（ミラーニューロン）が活性化するという脳科学の仮説[1] を根拠とした，見ることが共感[2]のきっかけとなるという見解である。舞踊研究者のスーザン・フォスターは，ダンスのパフォーマンス時に「見ること」や「見せること」は，他者の身体感覚に影響を及ぼすと同時に，自らの身体を作り変えるという意味で「共感」の重要な手立てであるという（Foster, 2010）。このような五感の諸機能を分析的に解き明かす観点もあれば，次節で述べるように，自然科学的に機能分類された五種類の感覚（視聴嗅味触）という前提自体を問い直す視座もある。

2-2　五感という問題

　文化人類学において，いち早く身体感覚を中心的なテーマとして掲げたデビッド・ハウズは「見ることが重要視される社会では共同性が衰え，聞くことが重要視

1）ミラーニューロンは，マカクザルでは実証されているがヒトでは未確認である。見るだけの場合のみならず，聞くだけでもミラーニューロンは活性化されるという研究結果もある。このことからも視覚と聴覚が本来的に分離しえないことがうかがえる。
2）ここでいう「共感」とは，仲間意識といった含意はなく，他者の感覚に影響を与えつつ自らも影響されるという意である（Foster, 2010）。

される社会では個人主義的ではなくなる」(Howes, 1991：177-178) と述べた。身体感覚は社会や文化に何らかの特徴的な方向性をもたらし，反対に社会や文化もまた身体感覚の特徴を方向づける。おおまかにいえば文化と感覚はセットだということである。ハウズの指摘は従来の科学的な枠組みから身体感覚というものを解き放った点と，文化的な価値観や規範が知らぬ間に身体に浸潤していくその「感づかなさ」ではなく「感じること」にフォーカスした点において画期的であった。しかし旅行という脈絡に立ち返るなら，タイ料理の味わいは日本人とタイ人では共有できず，パリ・オペラ座での観劇体験はフランス人と日本人では違うという理屈になり，説得力の弱さが残る。たしかに（室内で靴を履いていると落ち着かないとか，原材料に昆虫が使われていると知ったら食べられなくなるとか）文化的なものが身体感覚に強い影響を及ぼすことはある。しかしある特定の空間に浸透した行動様式が謎のシグナルを発して私たちの身体感覚を形づくっていると考えるよりも，個々人がとりまかれる状況をどのように感受しそれに対して応答してきたか，という具体的な関わり方に注目するほうが人類学的な観光研究において実践的意義があるだろう。生まれた土地にずっと住み留まる人が少なく，そしてとりわけ観光において「文化」という語が懐古的な語感を放っている今，文化が作る感覚，感覚が作る文化という観点とは別のアプローチが求められている。

　このことは先にふれた「見ること」の作用という問い方そのものと関わってくる。たしかに，物理的エネルギーを複数の受容体で感知し脳で統合的に処理されるものが感覚であるという科学的な捉え方もある。しかし，各感覚器官という枠組みでは捉えきれない感覚もあるはずだ。わかりやすい例でいえば，やっとのことでたどりついた店の照明の下でコートを着て飲むオレンジジュースと，陽射しの下で友達から渡された飲むオレンジジュースの味は違う。ある程度長期的な事物との情動的な関わり方，相手や周囲への配慮や周囲への注意のはらい方，そしてそこから生じる人間関係やふるまい方の微細な変化を徹底的に観察する「身体化」の概念（たとえば菅原編, 2013）や身体やモノの動きを受けとめる心の揺れや力の作用を捉えるアフェクト論（たとえばコーカー, 2019）とも近い方向性である。次節では，慣れない場所へ出向く身体と周囲との刺激・反応の図式に回収されえない関係性について二つのアプローチをみていこう。

3 身体化アプローチと生態学的アプローチ

　ここで，わかりやすいたとえ話をしよう。仮にあなたが旅行から帰ってきたところだとして，専門家から次のような分析をされたら納得するだろうか。あなたの旅行の思い出は現代によくみられるポスト・ツーリスト（第4章）の流れのなかに位置づけられる，と。メディアを通じてそこそこ旅行知識があるために皮肉交じりに旅行を楽しむ，近年に特徴的な社会像として専門家が「ポスト・ツーリスト」論を述べたとしても，あなた自身の旅行経験は必ずしもその枠組みのなかへ片づけられるわけではない。哲学者モーリス・メルロ = ポンティの現象学に想を得た人類学者たち（たとえばJackson, 1989：122；Csordas, 1990：36；菅原, 2015）が推し進めた「身体化」のアプローチは，そうした切れ味のいい時代分析に異議を唱え，身体そのものに内在する志向性や身体に埋め込まれた知識や経験に焦点をあてる。なぜ身体「化」と呼ぶかというと，それまでの常識だった「ある特徴的な思考様態が身体を動かす」という前提ではなく，心の居となる身体なしでは知覚したり思考したりすることはできないという考えのもと，経験や知識，様式など抽象的なものが身体に埋め込まれ，具体化されることを前提とするからである。さらにそうした身体が社会関係の基盤となる主体化という意味も内包されている。たとえばナミビアに調査旅行に出かけた人類学者が，車をスリップさせても，「おっとっと」と呟きながら車を立て直す同僚の運転を見て，車のスリップという偶発事の経験を通していろいろなハンドルさばきを繰り出す姿に感嘆するという短い逸話（菅原, 2015）があるが，その技も身体化だ[3]。この例は，車上での都度新しい状況に応じた瞬時の身のこなしの積み重ねによって，考えずとも上手に運転するという身体が，状況をダイレクトに受け止めて学習することを示している。

　こうした「身体化」アプローチが知覚の主体を身体におき，考察の対象を絞ってクローズアップするものだとすれば，人類学者のティム・インゴルド（Ingold, 2000）らがすすめる「生態学的[4]」アプローチでは，物体としての身体よりもむしろ

---

3) 菅原が指摘したベイトソンの学習理論とは，学習の階型論において，その都度の世界との対応の仕方の蓄積が性格や思考の型を作るというものである。

4) ここでの「生態学的」とは一般に知られる実証主義的で客観的な生物学よりも広い意味で，人間を含む諸生物とそれをとりまく環境の照応関係に焦点をあてる学問的方向性を念頭に用いている。ティム・インゴルド自身は，知覚を通じて環境との関わり方を調律するさまを分析するJ. J. Gibson（1979）「生態学的視覚論」を参照点としている。

所作，風や空，地面など身のまわりの諸々の動きや媒質に注目し，ズームアウトしながら対象の動きに合わせて自らも動いていくアプローチといえる。身体が直接経験することと具体に徹することという点で身体化アプローチも生態学的アプローチも共通しているが，生態学的アプローチでは，型を身につけた身体そのものよりも周囲の諸々の動きに応じる身構えの変化をみていく。たとえば，同じ身体であっても車に乗っているなら，分岐や障害物を見落とさぬよう前方へと注意が向けられる。その乗客であれば，もしかしたらスマートフォンの画面とイヤホンで窓の外の音や天候から遮断されているかもしれない。大型クルーズ船に乗っているなら，移動の感覚はほとんどないかもしれない。自転車に乗っているなら，道の傾斜や路面が強く知覚され，天候に左右されるブレーキの利き具合に乗り心地も左右される。移動の仕方によって経験される景色が異なり，身体と周辺世界との関わり方の繰り返しが，特徴的な思考の傾向を作る。このように生態学的アプローチは，とりわけ旅行する身体を動的に把握する際に有効である。

4 旅行者の身体から捉えた景観：カミーノ・デ・サンティアゴを歩く

　ところで，こうした身体と周囲との物質的な関係をズームアウトして捉える視座は景観研究に通じるところがある。観光にまつわる景観研究では主に異なる社会的背景をもつ者同士の権利や利便性，何を代表的な文化のしるし（表象）にするかをめぐる対立が論じられてきた。景観は遠くから眺める美しい景色という意味で用いられることもあれば，自然と人間の協働を読み取る手がかり，旅行客を惹きつける商品や資源，（見え方ではなく）多様な音の聞こえ方など問い方によって多様な景観の定義がなされている。いずれにしても人の手が入りつつも自然的でもあり，物理的でありながら情緒的なものでもあるという意味で，景観を対象とする研究は自然科学的な側面と人文学的な側面を横断する成果を生み出してきた。ここではとくに身体との関係に目を向けてみよう。旅行者の身体から景観を捉えるその方法について，以下では筆者自身のフィールドワークからの事例を引きながら紹介する。

　ここで紹介する筆者のフィールドは，カミーノ・デ・サンティアゴと呼ばれる，スペインとフランスの国境から大西洋の近くのサンティアゴまで東西約900kmにわたる巡礼路である。ヨーロッパにある巡礼路といえばキリスト教の聖地を目指す道と思われがちだが，どういうわけか，あえて歩いてサンティアゴをめざす人たちの多くは信仰に篤くない。たしかに筆者の調査地は観光ガイド的には「スペイン国

内にあるキリスト教巡礼地への道」と知られているが，徒歩でサンティアゴをめざす半数以上がスペイン国外からの人びととというフィールドでは，信仰や言語という観念体系を共有する社会文化的傾向を捉えることはできない（このことは今日多くの観光地にあてはまる点を覚えておいてほしい）。こうした状況の場合，「遠い目的地を目指す人たちによる徒歩旅と道」に光をあてたアプローチも可能なはずだ。たとえ調査対象に「巡礼」という名前がついていても，フィールドが突きつけてくるものに従順でさえいれば，どんな切り口からでも接近できる，それが人類学のよいところだ。

4-1　方向感覚

　カミーノ・デ・サンティアゴ（以下カミーノと表記）の路上で出会ったある徒歩旅行者[5] が次のように私に語った。「決まった方向へ進んでいくということは，ぼくにはとても意味があることなんだ。越境的に暮らす人が抱える悩みだけれど，こういう暮らしをしていると，目的地への方向感覚みたいなものがなくなってくるんだよ」。たとえ国を股にかけて暮らすわけではない人であっても，彼の言を直観的に理解できるはずだ。バスや電車，飛行機などを利用しウェブマップサービスを利用する人の移動には通常，進路や方向感覚は必要ない。普段と同じ道であれば徒歩移動でさえ同様だ。銀行の脇にある横断歩道を渡り，駅の地下道を抜けて左にあるエスカレータを上がる，といった具合に端末の地図ナビゲーションどおりに周囲の世界を記号的になぞって目的地へ行く日々のなかで，「目的地への方向感覚のなさ」が募ることは想像にかたくない。

　方向感覚というものは，移動しながら感じる身体とそれを取りまく物質的状況とが相互に関係をもつことによってはじめて生じるものである。カミーノ・デ・サンティアゴでは，何世紀にもわたる人やモノの移動によってできた東西を貫く一本道という地理的形状や，到達までに何週間も要する徒歩という移動スタイル，ウェブマップ上には載っていない通りを進路の手がかりを求めながら進む人びとの動きや

5）筆者の研究では，歩いてサンティアゴを目指す人のことを一貫して「巡礼者」と呼称している。彼らは自らをツーリストではなく巡礼者であると自認し，また学説的にも近年の巡礼研究では宗教的文脈の有無にかかわらず，魅力的な目的地を目指して旅することを巡礼として扱うのが一般的だからだ。しかしここでは本章への理解の妨げとならぬよう，宗教的ニュアンスを擁する「巡礼」という語をあえて用いず便宜的に「徒歩旅行者」とした。

道しるべ，離れたところに何か目立つ建物や山や太陽の位置，影の長さや向きなどがすべて相まって方向感覚を生み出している。目的地へ向かう徒歩旅行者は圧倒的な遠さと方角を強く感じながら歩みを進め時に立ち止まる。近代化された日常生活ではなかなか感じられない進む方角への意識は，ゴールのサンティアゴ・デ・コンポステラに到達する達成感よりも長い時間をかけて深く徒歩旅行者の身体で経験される（土井, 2015）。

4-2　道に迷う

　道中ではしかし，しばしば方向感覚を失うことがある。広大な野原や農地を行くときにはめったにないが，多くの都市部で徒歩旅行者たちを困らせるのは，道に迷うことだ。彼らはまず駅やバス停からカミーノがあるスタート地点の道端までどう行けばいいのか，方角はわかっても建物が込み入ったところではたどり着くのは難しい。ウェブマップ上の徒歩道にカミーノと記されているわけではないし，普段の生活でカミーノなどを歩かない地元住民のなかに正しい道順を教えられる人はほとんどいない。そうしたなか旅行者は道標や目印になるものを探したり地図を手がかりにしたりして，手探り状態で進むことになる。あなた自身も知らない土地に出かけ，ウェブマップサービスがあてにならなかったときを思い出してほしい。道に慣れていれば気にもとめない建物の形状や位置，どこからか流れてくる音やにおい，さまざまなデザインの看板，坂道や階段，路面の模様，道をたずねたら応じてくれそうな顔つき，など断片的ながら路上にある諸々のモノたちがあなたの前に出現してくることに気づくだろう。目的への効率を優先し用途に応じて周囲のものを認識する普段の生活から離れ，見知らぬ場所で道に迷うことは，――誰もがそんな思いは避けたいところだが――身体を取りまく諸物と発見的かつ具体的な関係をもつ契機なのだ。カミーノで道に迷うことは，下手をすると宿が見つからず野宿する羽目になったり日数が足りなくなり最終目的地に到達できなくなったりして比較的切実な問題でもあるのだが，タクシーやバスに頼る人はあまりいない。彼らにとってサンティアゴに無事到達することはとても大事なことだが，それに劣らず大事なのは，道に迷ったり，雨に降られたり，天の川銀河の下を歩いたり，道端のイチジクの実を食べたりなど，計画とは関係のないところで身体を使って具体的な世界を取り戻す経験なのだ。

　私たちは普段の生活で，取りまかれる諸物の動き，景観，環境などが当たり前すぎてもはやその便利さや身近さすら感じにくくなっている。もちろん非日常と割り

切ったうえでかっちりとした枠（第7章）を行き来する「望み通りの」旅行もあるが，ある種の旅行スタイルでは，期待とは関係なくモノそのものと向き合う機会となる。こうした事例からわかる景観とは，遠くから眺めるものでも審美的基準に照らされたものでもない。慣れない場所を旅する身体とそれを取りまくモノたちの間で活発に繰り広げられる旅行ならでは[6]の豊かなコミュニケーションといえよう。

4-3 技法＝技術（technique）と技能（skill）

これまでの話は，「技能」概念と結び付けると興味深い。これまで人類学では，文化に条件づけられた身体の使い方，「身体技法」（モース，1973）——それは同時に個人を超えてある範囲の人びとで共有される——に注目してきた。また観光では，より意識化されたかたちで限定的な時空間を成立させる仕掛けや見せ方といった「パフォーマンス」（Edensor, 2001）に焦点をあててきた。しかし前述した不慣れな場所での「思惑外れ」の経験は，社会空間に生じる定式的な行為ではない。人間の志向性のみを考慮にいれた社会ではなく，物質的な世界における知覚とその動きこそが重要なのだ。

こうしたなか近年注目されているのが，何に対してどのように注意を向けるか，そのやり方が獲得される「技能」への視座である。ギーサー（Gieser, 2014）によれば，これまでの「技能」概念は，熟練した身振りという行為それ自体を指していたが，そうではなく，注意の向け方が変化する過程であると指摘している。一般的な言い方をすれば，文脈を無視しためっぽうやたらな視線が次第に，必要に応じて過去の経験の類似性とつなげるような視線になることである（Gieser, 2014：133-135）。ここで留意しておきたいのは，この技能には絶対的基準も価値審級もないということだ。だから，旅の途中というのは，一般的な意味とは逆の方向への，注意の仕方の変化ともいえる。周囲に対して必要最小限の労力で効率よく知覚を働かせていた日常を中断して，緊張し感覚を研ぎ澄まし，手探りしながらキョロキョロする，他

---

6) ここでは慣れない環境／景観へ出かけることとして「旅行ならでは」としているが，存在論的には，移動せずとも普段の生活から気象の変化に晒され，四季という物的変化を全身体で受け止める農業，漁業，芸術などにも同様のことがいえるはずだ。

7) 道に迷う，自分の居場所について心もとなくなるような旅行は今日，自ら目的地を定め，資金を貯め，現地の情報を集め，予約手配し，所要時間やルートを調べるというきわめて合理的な手続きが必要になる。そうした計画能力を持ち合わせながら，なおかつ，見知らぬ場所の現実に従い，試行錯誤し，計画とのズレを受け入れる振幅をもった姿勢が求められる。誰にでも容易にできることではない。

所における初心者になるという技能である（誰にでもできることではない[7]）。そこでは，景観と身体との物質的，感覚的関係を更新していく。身体技法やパフォーマンスとの違いは，定式化された行為やその文脈を読むことではなく，旅する場所での身体感覚や周囲との関わり方の更新の契機を探る点にある。私たちの日常生活では一般に「嗜むことや向上すること」に価値がおかれがちだ。だが，そういった人間主体の物語や志向性を保留し，見知らぬ場所の道理に自分の身体を合わせていくこともまた，一つの旅行のあり方だ。

5　今後の課題：一つの倫理的実践として

　繰り返しになるが，心や経験は，その居となる身体なしでは存立しない。本章では身体という概念のなかでも，社会的文脈に埋め込まれた身体とは別の，とりわけ取りまかれる具体的な世界を探索する身体に関する概念について，観光研究においてどのような展開がありうるか，いくつか示してきた。旅する生身の身体と感覚的・物質的関係性への目配りは，旅行を通じた自己成長や本当の自分との出会いといった人間中心の物語にではなく，地球上の生あるもの，生なきものとの倫理的な関わり方を捉える視座へと接続できるのではないだろうか。

【引用・参考文献】

アーリ, J., & ラースン, J. ／加太宏邦［訳］(2014).『観光のまなざし〈増補改訂版〉』法政大学出版局（Urry, J., & Larsen, J. (2011). *The tourist gaze 3.0.* London: Sage.）

インゴルド, T. ／筧菜奈子・島村幸忠・宇佐美達朗［訳］(2018).『ライフ・オブ・ラインズ——線の生態人類学』フィルムアート社（Ingold, T. (2015). *The life of lines.* London: Routledge.）

コーカー, C. (2019).『暗黒舞踏の身体経験——アフェクトと生成の人類学』京都大学学術出版会

シュール, N. D. ／日暮雅通［訳］(2018).『デザインされたギャンブル依存症』青土社（Schüll, N. D. (2014). *Addiction by design: Machine gambling in Las Vegas* (Paperback edition). Princeton, NJ: Princeton University Press.）

菅原和孝［編］(2013).『身体化の人類学——認知・記憶・言語・他者』世界思想社

菅原和孝 (2015).「フィールドワークの感応と異化作用」床呂郁哉［編］『人はなぜフィールドに行くのか——フィールドワークへの誘い』東京外国語大学アジア・アフリカ言語文化研究所, pp.168-185.

土井清美 (2015).『途上と目的地——スペイン・サンティアゴ徒歩巡礼路 旅の民族誌』

春風社

モース, M.／有地　亨・伊藤昌司・山口俊夫［訳］(1973-1976).『社会学と人類学　I・II』弘文堂(Mauss, M. (1968). *Sociologie et anthropologie* (4th edition). Paris: Presses Universitaires de France.)

Csordas, T. (1990). Embodiment as a paradigm for anthropology. *Ethos, 18*: 5-47.

Edensor, T. (2001). Performing tourism, staging tourism: (Re)producing tourist space and practice. *Tourist studies, 1*(1): 59-81.

Foster, S. (2010). *Choreographing empathy: Kinesthesia in performance.* London: Routledge.

Gibson, J. J. (1979). *The ecological approach to visual perception.* Boston, MA: Houghton Mifflin.

Gieser, T. (2014). Enskillment inhibited: 'Industrial gardening' in Britain. *Jounal of the Royal Anthropological Institute, 20*(1): 131-149.

Howes, D. (1991). Sensorial anthropology. In D. Howes (ed.), *The varieties of sensory experience: A sourcebook in the anthropology of the senses.* Toronto: University of Toronto Press, pp.167-191.

Ingold, T. (2000). *The perception of the environment: Essays on livelihood, dwelling and skill.* London: Routledge.

Jackson, M. (1989). *Paths toward a clearing: Radical empiricism and ethnographic inquiry.* Bloomington, IN: Indiana University Press.

MacCannell, D. (2011). *The ethics of sightseeing.* Berkeley, CA: University of California Press.

Veijola, S., & Jokinen, E. (1994). The body in tourism. *Theory, Culture & Society, 11*(3): 125-151.

コラム② 観光とインフラストラクチャー

古川不可知

　私たちの日常生活は，電気や水道，公共交通機関など，無数のインフラストラクチャー（インフラ）によって支えられている。たとえば，蛇口をひねると当たり前のように水を使うことができるのは，ダムや水道管などのモノとそれらに関わる人びととの大規模なネットワークのおかげである。だが私たちは普段そうした事実を意識することなく，災害などで水が出なくなったときにはじめてインフラの重要性に思い至る。近年の人類学ではこのようなインフラとその特性に着目する研究が盛んとなり，それぞれの社会で当たり前とみなされる日々の営みが，どのような物質的構造と人びととの関わりによって可能となってきたのかをめぐって考察が進められている（Larkin, 2013；木村, 2018）。

　観光もまた，種々のイベントに必要な電気や，食事を提供するための物流網，観光地の情報を伝達するインターネットなど，無数のインフラによって支えられていることは容易に見て取れるだろう。とりわけ人びとが異郷へと赴く活動である観光にとっては，観光者を目的地へ運ぶ移動インフラは何にもまして不可欠である。たとえば英国ブラックプールの海浜リゾートは鉄道の敷設によって盛んとなり，バリ観光はヨーロッパからの定期船が就航することで可能になったのであった。

　筆者が調査を行なっている，トレッキング／登山観光で有名なネパールのエベレスト地域でも，観光のあり方はインフラによって大きく規定されてきた。シェルパと呼ばれる人びとが居住するこの地域は，現在に至るまで車道の存在しないヒマラヤの険しい山岳地帯である。

　この地域にはじめてやってきた広義の観光者は登山家たちであった。それまで鎖国政策を取っていたネパールが1950年代になって外国人に門戸を開くと，西洋の登山家たちはポーターや荷役獣を手配してキャラバンを仕立て，険しい山中を何週間も歩いて山頂を目指した。1960年代になってルクラ村に滑走路が開かれたことから，山歩きそれ自体を目的とする一般のトレッキング客も少しずつこの地域を訪れるようになり，沿道の民家は次第にロッジへと改装されていった。エベレスト地域のトレッキング観光は1990年ごろより急速に大規模化して，英語の看板を掲げたロッジやレストランが山道に沿って立ち並ぶようになった。近年は地方政府や地元民の手でルートの整備も進み，山道は石敷きの歩きやすい歩道へと変わりつつある。

　こうして地域の観光の主流は，キャンプを張りながら進む登山から，ロッジを泊まり歩く二週間ほどのトレッキングへと移行し，現在では世界各地から集まっ

た老若男女が山中を歩いてゆく。インフラは環境の構成要素となってわれわれの動きや認識を方向づけ，ここでは身体という物理的な存在を支えている。そして，観光者はインフラによって規定された観光のやり方を常に自明のものとして享受すると同時に，観光者の変質がインフラのさらなる展開を促してゆく。

ここで人類学的インフラ研究が指摘してきた一つの重要な点は，インフラとは関係的なものであり，何がインフラであるかは観点によって異なるということである。たとえば，水道管は一般の人びとにとってインフラである一方，配管工にとってはインフラではない。あるいは，送電網はコンピュータのインフラであると同時に，コンピュータは送電網のインフラでもある。

標高3千メートルを超えるエベレスト地域では，移動に際してガイドやポーターは不可欠であり，また宿泊場所や食事を提供するロッジなくして観光活動を続けることはできない。すなわち現地の人びとの身体や社会はトレッキング観光のインフラの一部となっている（古川, 2020）。その一方で現地に住むシェルパの人びとは，観光産業の発展に伴ってガイドやロッジ経営を生業とするようになった。いまや現地の人びとにとっても，当たり前の生活は観光者なくして成立しえない。観光者にとってインフラであるものは，別な観点を取ると，観光者をインフラにして成立している。

このようにインフラという概念から観光現象を考えることによって，観光という人間の営みを可能にし，その経験を暗黙の裡に規定しているもつれあったネットワークの存在が浮かび上がってくる。ここでは単にホストの社会がゲストの観光活動を支えるというのでなく，ホストとゲストとモノが混ざり合ってそれぞれの当たり前を作り出しているのである。

さらに本コラムを執筆している2020年時点では，首都からこの地域に向かって車道の建設工事が進められ，既存の山道は順次ショベルカーで拡幅されている。車道は観光者の移動を容易にする反面，歩くことに価値をおくトレッキング観光には大きな変化を及ぼすことが予測される。同一の目的地であっても，車で到達することと歩いて到達することではその意味は大きく異なるだろう。インフラは絶えず変容し，観光地の景観を作り変えるとともに，観光者の経験も変質させ続けている。

【引用・参考文献】

木村周平（2018）.「序──《特集》インフラを見る，インフラとして見る」『文化人類学』*83*（3）: 377-384.

古川不可知（2020）.『「シェルパ」と道の人類学』亜紀書房

Larkin, B.（2013）. The politics and poetics of infrastructure. *Annual Review of Anthropology, 42*: 327-343.

第9章
接客サービスの高度化
価値を共創するサービス・デザイン

【基本概念】
接客サービスの高度化，経験経済，価値共創，サービス・リテラシー，感情労働

八巻惠子

1 はじめに

　観光ビジネスの本質的な機能は，観光者が旅の楽しい経験と豊かな時間を過ごすことができる機会の提供と，そのためのさまざまな支援である。施設や設備，食事の提供，親切や気配り，あたたかみのあるホスピタリティ，もてなし，接客応対なども含めて広義に「サービス」と呼んでいる。

　前章までにみてきたように，今日の観光活動におけるツーリストの経験は非常に多面的で複雑なものである。たとえば単独で山岳トレッキングをするような対人を介さない旅の体験でさえも，安全管理やルートのメンテナンス，道中に必要な手配，現地案内や情報発信，広告宣伝等々，多種多様なサービスがあってこそ観光ビジネスが成立する。広義のサービスはしくみであり，メカニズムであり，デザイン，制度，プラットフォーム，オペレーションの設計であり，産業である。一方，本章で取り上げるのは狭義のサービスで，もてなしの心やホスピタリティ・マインドなどのような情緒的な価値やその体現であるところの接客サービスである。

　サービスの全体像からみれば接客サービスはオペレーションのほんの一部でしかない。しかし，人の世話や支援をする接客の仕事は産業としてのサービスが成立するよりももっと古い時代から続く，長い歴史があることを思い出してほしい。接客サービスの実践を人間の行為としてみたときに，金銭との等価交換という枠組みに収まりきれないダイナミズムに気づくだろう。接客サービスのよしあしが観光地の印象や観光ビジネス全体の評価に大きく影響することを私たちは知っている。旅先で誰かに親切にしてもらったり，地元の人しか知らないことを教えてもらったことが忘れがたい思い出になることがある。客の気持を察して先回り

の接客サービスを受けると感動さえする。逆にタクシーの運転手がぶっきらぼうな態度だっただけで嫌な町に来てしまったとさえ思う。庭園の植物が見事だったり，建物や設備がぴかぴかに磨かれていると，町ぐるみで歓迎してくれているように感じる。ホストとゲストの関係づくりは観光ビジネスの最重要課題といっても過言ではない。本章では接客サービスの仕事に着目し，その高度化について，観光人類学の観点から考察してみる。

2 観光サービスの大量生産

　20世紀に始まった脱工業化とサービス経済化[1)]の進展にともない，サービスに関する研究はそれまで中心だった経営学の生産管理の議論から独立して進められるようになってきた。しかしサービスをめぐる研究は端緒についたばかりで，その複雑なダイナミズムについてはいまだ十分に明らかになっているわけではない。

　経済学用語としてのサービスは無形の財であり，顧客に利便性や満足を与える非物質的な価値のことを指す。クラークの産業分類においては，サービス産業は第三次産業に区分される。なかでも観光は交流によるもてなしやふれあいを重視するホスピタリティ産業とも呼ばれる。第三次産業は，情報通信技術（ICT）の発達や「モノのインターネット（IoT）」の展開によって多様かつ複雑に変容し続けていて，観光産業もその影響を受けている。一方で，古来よりある接客サービスの仕事は今日の観光ビジネスにおいても大切に考えられている。

　サービス産業としての観光は，ヨーロッパの近代化の進展と共に成長した。しかし日本においては江戸時代にはすでに観光ともいえるような個人の消費行動がすでにみられた。聖地巡礼の途中で名物を食べたり，風光明媚な場所に立ち寄ったりしていたことは名所図絵にも記されている。世界初のパッケージ・ツアーは，企業が自社の従業員向けのレクリエーションとして日帰り旅行を企画したものである。産業革命を迎えたイギリスでは，工場労働者にも生活にゆとりがうまれ，余暇の充実が求められていた。高額な鉄道やレストラン，乗合馬車やエンターテインメントに団体割引が可能であることを発見したトーマス・クックは，世界初の旅行会社，

---

1) サービス経済化の進展とは，産業構造のなかでサービス業の割合が増え，GDPに占めるサービスの割合が増加し，消費構造が「モノ」から「サービス」へとシフトしていくことをいう。

Thomas Cook を創設し，ロンドン万博やパリ万博の他，ヨーロッパ，アジア，アフリカに向かう海外旅行をパッケージ商品にして自ら添乗員として随行した。観光ガイドブックの作成や広告宣伝も行い，観光産業は瞬く間に発展していった（本城，1996）。

　観光旅行の大衆化の背景には，工業技術の発展によって長距離移動やより早い移動が可能になったことや，移動ネットワークが拡大してより便利なアクセスが実現し，価格も手頃になったことが指摘できる。鉄道や道路の整備が進み，世界初の大衆車 T 型フォードの大量生産は，分業（スミス，2020）と科学的管理法による効率化（テーラー，1969）などの価値観が可能にしたものである。製造業は商品の生産管理をシステム化し，労働力を分業化，組織化，制度化することで生産効率を格段に上昇させた。この思想はサービス産業にも導入された。

　世界初の航空会社ドイツ飛行船運輸株式会社（DELAG）は 1909 年に定期旅客便の運航を開始した。航空技術の発達によるエンジンの改良や長距離飛行の時間短縮化を重ねて，戦後までには世界各国が航空会社を創業した。とりわけ「ジャンボジェット」の名称で知られるボーイング 747 型機が 1969 年に初飛行すると，それまでの倍以上の旅客数を一度に運ぶことができるようになり，「大量輸送時代」へと突入した。先進国では 1970 〜 1980 年代に国際観光ブームが全盛期を迎え，企業は旅行商品の大量生産の装置（日置，1994; Nakamaki et al., 2016）となってマスツーリズムを創出した。それは先進国の大衆による大量消費を前提としたもので，豊かな消費経済を背景に，市場には魅力ある商品があふれ，大量の広告によって人びとの消費行動が誘引され，大量の国際間移動がグローバル経済化を推し進めていくことになっていった。

3　経験経済

　経験経済（experience economy）とは，商品やモノに価値があるのではなく，それを手に入れることによって顧客が体験する情緒や感性に訴える経験そのものに価値がある，というパインとギルモアが提唱した概念である（パイン & ギルモア，2005）。たとえば同じ観光ツアーに参加しても各自の経験は異なる。また同じ人が同じツアー・プログラムに 2 度参加しても 1 度目には気づかなかった新たな発見があったり前回とは印象が違ったりするだろう。「再現性がない」のはサービス商品の特徴の一つでもある。

　いうまでもなく，観光は観光者の経験のなかにこそ価値がある。ツアー商品や施

設や移動，エンターテインメントや食事といったサービスプロダクトを消費すると
きに，「何があったか」という客観的事実以上に，「どのように経験したか」という個
人の主観的事実の方が重要だ。このようなサービス体験の価値のことを「コト消費」
と呼ぶことがある（コラム③）。これにたいして「モノ消費」とは，工場製品のよう
な作られた商品を手に入れて機能的価値を消費することをいう。モノ消費は定量化
して価値評価がしやすいために原価から価格を決定することもできる。しかしコト
消費は商品を使用したりサービスを享受したりして時間や空間を含めた一連の個人
的な経験であるために，主観的な価値評価になる。価格決定も原価に依存しない。

　よく知られた例として，スターバックスコーヒー店が提供しているのは，家や
職場・学校のように個人が役割に縛られることのない「サードプレイス（第三の場
所）」（オルデンバーグ，2013）[2] というブランディングである。客が一個人にもどっ
てくつろぎの時間が体験できる，コーヒーの味や種類はもちろん，座り心地の良い
ゆったりとした椅子やインテリア，流れる音楽，通いやすい立地，気楽な交流とバ
リスタとの会話，ノマドワーカーが孤独にならない空間，「とびきり居心地の良い場
所」をスターバックスは都市に創造した。

　このような経験経済の考え方は，マーケティング研究においては比較的新しく，
サービス経済化が進展するプロセスで概念化された。モノにあふれた豊かなサービ
ス化社会の中では，生産された商品がすぐにコモディティ化してしまう[3]。消費者
は他者との差異を意識して主体的に商品を選択し，デザインやブランドの意味やイ
メージ，ストーリーを重視する記号消費（ボードリヤール，1995）の傾向が強くなっ
た（コラム③）。企業は商品企画や広告宣伝，購買後のアフターサービスの付与まで
の一連の連鎖から顧客のコト消費を考え，総合的なサービス・デザインによる商品
づくりをしなければならなくなった。

---

2) 都市社会学者のオルデンバーグは，アメリカがたどった産業化-効率化-合理化の結果
　として，郊外と都市を往復する車依存社会が生み出した人びとの孤独とストレス社会を
　批判した。歴史あるヨーロッパの都市では地域内飲食店が見知らぬ者同士でも気楽に
　おもしろく交流ができる「サードプレイス」のコミュニティの空間となって都市の魅力
　や個性となっていることから，アメリカの地域社会が再び活気づく解決案と考えた。ス
　ターバックスの会長兼 CEO のハワード・シュルツは，フランスのカフェ，イギリスの
　パブ，イタリアのエスプレッソ・バーなどのようにスターバックスをアメリカのサード
　プレイスにするマーケティング戦略を立てた。
3) 市場のなかで商品が個性を失い消費者にとって特別なものでなくなること。コラム③も
　参照。

　観光産業にも同様の消費者行動がみられた。マスツーリズムは，高度経済成長期に大きく発達した道路，鉄道，航空などの交通産業，宿泊，飲食，エンターテインメントなどが，旅行会社によって大量に買いつけられて自社ブランドのパッケージ旅行商品として再構成されたものである。1970 ～ 1980 年代の国際観光ブームも大量生産された観光商品であった。それらは市場で大量消費され，サービス商品としての機能は優れていた。しかし 1990 年代に入ると ICT が急速に発達し，自宅のコンピューターから旅の手配ができるようになると，サービス内容やグレードを好きなように取捨選択して個人の都合や好みに合った旅程をカスタマイズできるようになり，時に旅行会社よりも安価であった。働き方が見直されると長期休暇を取る人も増えてきた。安心，安全，楽しみ，健康，情報や知識といった，感覚的・精神的な欲求を満たしたいと考える消費者が増加し，他の人とは違う体験をしてみたいなどの要望を反映して旅行会社の観光商品も多様化した。

　SNS の広がりにより観光地情報も変化した。マスツーリズム全盛期の情報発信は売り手の側によるもので，ガイドブックやパンフレット，雑誌や広告宣伝を通じてよく知られた場所を駆け足で見物するのが多くのツアーであった。一方，SNS から発信される情報は個人的な「コト」に満ちている。情報社会のなかでは観光にも知的欲求が高まっている。「見る側のゲスト」と「見られる側のホスト」という二項対立ではなく（第 1 章と第 2 章），地域住民と一緒に何かをしたい，そこに住んでいる人から話を聞きたいという「異日常」[4] への探究心と興味から，着地型観光プログラムは人気である。ホストとゲストの交流を通じて心を通わせる異文化体験が価値として認識されている。

４　接客サービスによる価値共創研究

　接客サービスには，商品のように手に取られたり形として見えることがなく（無形性），サービスの提供がされる場で同時に受容され（同時性），その品質や性質は人によっても毎回異なるものであり（変動性），貯蔵したり保管したりすることはできない（消滅性），といった特徴がある。サービスの提供者であるホストと享受者であるゲストが共に体験の価値を創造する。たとえばドレスコードが求められるような高級レストランで祝い事をしようとしているときに，近くのテーブルの客が大声

4）自分とは異なる他者にとっての日常のこと。

で騒いでいると，せっかくの特別な時間が台無しになってしまう。サービス場面では客も空間を構成する要素なのだ。

　観光ビジネスにおける接客サービスは，一般的にはゲストに直接応対し，食事や飲み物，情報やエンターテインメントを提供する。そのやりとりや交流が観光者の満足度を作用する重要な要素であることはいうまでもない。しかし経済学も経営学もマーケティングもゲストのサービス経験について長い間研究対象とは考えてこなかった。企業による接客サービスでは標準化と品質管理がなされることで，いわゆるマニュアル化され誰もが同じサービスを提供することができる「再現性」が重要だと考えられてきた。

　交流のありようによってゲストの経験が異なりサービス評価に影響を受けるという事実に学問が注目しはじめたのは，経済的に豊かになった先進国の市場にモノがあふれて以前のように売れなくなってきたことや，グローバル化の進展，ICT の発達などから，対象とする消費者の価値観が多様になったことが大きな要因である。

　接客サービスと顧客経験についての議論は，ベッツイ・サンダースの「伝説を創る」（サンダース，2014）[5]，ヤン・カールソンの「真実の瞬間（Moment of truth）」（カールソン，1990）[6]，ザ・リッツ・カールトンの「クレド（お客様と接するときに守るべき従業員の行動規範，ないし企業と従業員との約束）」，ディズニーランドの「キャスト（現場スタッフ）」などが代表的である。いずれも接客サービスの行動規範を説き，具体的な行動は接客担当者が自分で考えて判断ができるよう，マニュアルに頼らない人材づくりに企業は注力しはじめた。このことは，サービスの生産を「企業と顧客との交換関係」から，企業と従業員との関係を含めた顧客満足やバリューチェーン（価値連鎖）（ポーター，2018）[7] の関係へと解釈を広げたものである。

　サービスを工業製品と同様に捉えようとしていた時代の「伝統的マーケティング」は，モノそのものに価値があり，それを企業が決め，市場を介して顧客に提供

---

5) アメリカの有名デパートで販売員の経験があるベッツイ・サンダースは，「伝説を創る」という概念からゲストのサービス体験を特別なものにしようとする考えを説いている。

6) スカンジナビア航空の元 CEO ヤン・カールソンは，航空機の利用客と航空会社のスタッフが接する最初の 15 秒の「真実の瞬間（Moment of truth）」に企業に対する評価が決まると説いた。

7) マイケル・ポーターによるマーケティング理論。商品やサービスが顧客に提供されるまでの一連の事業活動を価値の連鎖（Value Chain）として捉える思考のフレームワークのこと。

できると考えてきた（村松, 2017）。サービス経済化が進展するにつれて，サービスを消費のプロセスとして捉える議論は盛んになり，ヴァーゴとラッシュの価値共創（value co-creation）（Vargo & Lusch, 2008）やコトラーの共創（co-creation）（コトラーほか, 2017）といったキー概念はいずれもホストとゲストが共に経験価値を創るプロセスについて議論している点で共通である。

　さらに 21 世紀のマーケティングでは，文化人類学のフィールド調査やビジネスのエスノグラフィなどの質的調査の手法をマーケティング・リサーチに取り入れる試みがはじまった。ファンづくり，ニッチ戦略によるイノベーションの牽引，新しいブランドづくりや市場の創造など，1990 年代以降のサービス・マーケティング研究のなかで，接客サービスによる価値共創研究は注目されている。

5　接客サービスの高度化

　マニュアルによる人材教育は接客の手順や礼儀作法などのルール化された業務が主であり，機械化が可能な仕事も多い。接客サービスの価値共創とは，目に見える業務を遂行しつつ，それを通じて顧客と共に経験価値を創るプロセスである。その人材教育は OJT（On the Job Training）でも事例程度の提示しか出来ない。仕事を作業として教えることは可能だが，接客サービスが「上手」になるには「経験が必要」といわれる。個人の経験が知恵や知識となって職場集団や同業者集団内で共有されていることは多く，文化伝搬として伝わる価値や規範を手がかりに各自が自己研鑽してゆくことで接客サービスは高度化してゆく。

　このような状態を，学問研究を通じて理論化しようという試みはサービス・マーケティングのなかで始まったがまだ明らかになっていないことが多い。観光人類学におけるホスト・アンド・ゲストや文化仲介者（第 6 章）の研究はこれを読み解くための概念として役に立つだろう。高度化された接客サービスは，ゲストとの価値共創のプロセスの情報処理に特徴があるが，「見える化」はされにくい。本章では，国際線航空機の客室乗務員の接客サービスを事例に，①サービス・リテラシー，②客を読む，③感情労働，④サービス価値モデル，の 4 点から説明する。

5-1　サービス・リテラシー

　国際線の乗客は，国籍，民族，言語，宗教，性別，年齢，職業，在住地域，旅の目的も異なる，多様な文化的背景をもった人びとである。サービスに対する常識的

感覚や規範も異なるし要求も幅が広い。接客サービス担当者は，相手がどのような文化的背景をもっているかや，言葉が通じるかも関係なく，乗客の誰もが経験価値を得られるよう支援する。良いサービスを受けたと満足できるように関わっていこうとする。

　国際線の機内は「非場所」[8]に産業活動が展開されていることから，独自の文化的空間である。サービス・ポリシーには航空会社が本社を置く国の価値観が反映されている。飛行機メーカーのほとんどがアメリカやヨーロッパ企業なので，内装やしつらえは西洋的である。機内食が西洋料理のフルコースにもとづいてメニューが決められていることも技術発展の歴史的経緯にもとづいている。日本便には和食のチョイスがあることはグローバル化を前提とした文化の商品化である。機内には階層があり乗客が支払った金額に応じてサービスのグレードや内容が異なる。ファーストクラスで有名ブランドの食器が使われたり高級な酒類が提供されているのは，消費社会の多様性を反映したものである。客室乗務員の制服に民族衣装の特徴や伝統的なデザインをモチーフとして扱う航空会社は，民族的アイデンティティを企業のアイデンティティの表象に取り込んだものである（八巻，2014b）。安全，安心，定時運航，広告イメージ，上顧客向けの特典プロモーションなど，グローバルに大量生産される「旅の移動」に負荷されたさまざまな価値の総体がサービス商品である。

　航空機移動は非日常的な体験である。異文化体験もある。ホストとゲストの価値共創を実現するためには両者の「サービス・リテラシー」の共有が不可欠だ。サービス・リテラシーとは，サービスの生産者やサービスの消費者が，それぞれの目的に適合するように情報を使用することができる能力のことである（八巻，2014a）。

　たとえばチェーン店のセルフサービスの多くは機能的なサービスに主眼をおいているため，サービス提供のしくみや手続きの設計についての情報共有があれば価値共創は難しくない。一方，プロトコル[9]や礼儀作法などの専門的な知識や高い教養を伴わなければ価値がわからないような複雑なサービスも多く，テーブルマナーや

---

8) 航空機による国家間移動は，ある国家を出国して別の国家にはまだ入国していない状態であるため，概念上，地球上のどの国でもない場所にいることになる。このことをオジェは「非場所（non-places）」と呼び，その時間の流れ方は時差を逆行したり早く進んだりする不自然な流れであることや，歩く移動のように景色が徐々に変わっていく経験をしないなど，日常とは異なる移動体験をすると述べている（Augé, 2009）。

9) 国際的な標準とされている儀礼手順やマナーなど。

異文化理解はゲスト自身が学習しなければ差異もわからないこともある。

　国際線の接客サービスの高度化は，一元化されたサービス商品を乗客に応じてカスタマイズさせることで，乗客との交流の機会を拡大しながら乗客の要望を判断しつつ，サービス・リテラシーを共有して満足できるサービス体験へと向かわせていく。ゲストに価値観を押しつけることをせず，客の要望に合わせ，時に「文化的な通訳」や橋渡し的な役割を担う調整役も行う。ゲストのなかには新しい知識を得ることを楽しみとする人もいるので，ゲストが知りたがっていることについての情報提供をすることもサービスである。客観的には業務や雑談にしかみえないかもしれないが，ゲストの経験価値を共創する手段でもある。

5-2　客を読む

　客室乗務員の接客業務は企業のサービス・デザインに組み込まれた機能的分業である。役割責任としてマニュアルに沿って遂行する。しかし実際に接する乗客は一人ひとり異なるので，どんなサービスを期待している人なのかを一人ずつ見極めようとする。そのように関わることを，「客を読む」という。つまり個々についての情報処理をする。

　心を込めてサービスを提供することを，「おもてなし」や「ホスピタリティ」ということがあるが，接客サービスの従事者に厳密な違いを説明できる人は世界中にあまりいない。学問研究としても未発達分野である。

　たとえばニュージーランドの先住民族マオリには maanakitanga という言葉があり，英語で hospitality と訳されている。maanakitanga はニュージーランド観光の公式キーワードにもなっている。何人かのマオリ人にインタビューをしたことがあるが，誰もが，「maanakitanga と hospitality は同じではない」と断言する一方で，何がどのように違うのかを説明できずに多くは考え込んでしまった。maanakitanga とは何かをマオリ人はよく知っているのに，自文化はあまりに自明のことであるために言語化ができないのだ。

　筆者は航空会社や宿泊施設，観光ガイド，ケアホームなどの接客サービスのプロフェッショナルにインタビューを繰り返してきたが，ベテランでも明確に説明できた人はいない。一方で「サービスは対価との交換」と多くの人が断言する。

　ある客室乗務員は「サービスは会社員としての業務，プロとして客を満足させる，高い評価をさせる努力をすることが仕事」と言ったが，同時にそれ以上のゲストの世話をすることについては私的な領域とも受け取れた。たとえば「ホスピタリティ

は私がやりたくてやっている，対価も評価もなくても気にしない」といった自己満足ともとれるような言説や，「自分の周りの人を喜ばせることができる人間でありたい」など人生観のような説明もあった。

　このような考え方は茶の湯と共通点がある。客を喜ばせようとして茶会でのもてなし方を考えあぐねる主人は，実はもてなされる客よりも楽しんでいる，という構造である。客を喜ばせたり満足させたりすることは，客室乗務員にとって楽しいことなのである。接客サービスを高度化させる努力も，客を読みとこうとする経験を重ねた結果として情報処理が早くなるので，状況判断や問題解決も早く的確な対応が可能になってゆく。相手に合わせてサービス・リテラシーの共有がしやすくなっていく。その状態のことを「客あしらいがうまい」，英語では handling（対処）という表現もするが，接客上手と考える。「仕事ができる」とは考えない。接客サービスがうまくなって人を喜ばせたいのだ。

　もちろん，従業員がみな仕事熱心な人ばかりではないことは明白であるし，勤続年数が長くても接客サービスが下手な人もいる。客を読む際の気づきが多く，早く的確な判断ができることが接客サービスの高度化につながっている。それは機能的分業の体験のみならず，私的な領域での自己研鑽や努力の積み重ねの結果が大きく影響している。

5-3　感情労働

　接客サービスにおけるやりとりは舞台演劇の構造と似ている。ゲストとホストが出会い，心を通わせ，ゲストは満足して帰っていく。ゴールとあらすじは両者に了承され，即興劇のようにサービス経験を共創してゆく。

　接客サービスの仕事は，サービス体験にふさわしいゲストの感情を生成させるために心をコントロールする「感情労働」である，といったのは社会学者のホックシールドである。その定義は「公的に観察可能な表情と身体的表現を作るために行う感情の管理」で，感情労働は賃金と引き替えに売られるために交換価値を有する（ホックシールド, 2000），というものだ。

　ホックシールドは，1970 年代から 1980 年頃にかけて複数のアメリカの航空会社の客室乗務員にインタビューし，接客場面でどのような気持ちをつくりあげたり，感情を制御したり，どのような感情を感じていると示したりしたのかについてのエピソードを聞いて，「公的感情システム」の分析を行なった。たとえばあるパイロットは訓練生に対して「笑顔は客室乗務員の最高の財産」と笑顔をつくるように繰り

返した。訓練生は「笑顔が大切，笑顔を忘れない」とノートを取った。ホックシールドによると，訓練が継続するにつれ新人訓練生の笑顔が会社の特性を反映するかのように磨かれていったという。それはいわゆる「プロフェッショナル」な一つの態度で，「我が社の飛行機は墜落しません」というような自信，定時運航，乗客を歓迎する笑顔として洗練され，創られていったという。

　客室乗務員の，「長時間の仕事のあとでとても疲れているのに不自然な気分の高まりからなかなか抜け出せない」「笑顔が私の上に（on）おかれている，私の（of）気持ちではない」という言説について，ホックシールドは「感情管理」と呼んだ。内面の感情と外面に表出しているものとの齟齬がある状態を修正することで，場にふさわしい周囲から期待される感情をつくってみせる，社会的に構成される感情とホックシールドは考えた。

　接客は，感情管理をする仕事，感情労働である。ホックシールドはスタニラフスキーの演劇モデルをベースに，コミュニケーションには二つの「演技」があるといった。一つは「表層演技」で，愛想笑いやお世辞のたぐいは多くの人が日常的に行なっている。二つ目の「深層演技」はホックシールドが着目する感情労働のメカニズムであり，プロの技術である。それは個人のなかに感情が芽生えた段階でコントロールしてしまい，外面を装うことができる技術である。俳優のごとく感情労働の技術は繰り返し訓練を積むことによって技が高められる。「心のこもった笑顔」はいつでも展示することができ，理不尽で失礼なゲストにも動じない，怒りをぶつける横暴なクレームに対しても礼儀正しい態度を示し，相手の要望をじっくり聞いたり，的確に課題解決を行うことができる。飛行機が突然揺れて機内がパニックになってもまったく危険はないかのように落ち着いた態度をみせることもできる。

　いわゆる「おもてなし」「ホスピタリティ」と理解されるような接客サービスは，ホックシールドによれば表層演技と深層演技が合致した状態で生起されるものであり，それを「心の商品化」と呼んだ。仕事を通じて強制されている状態が感情労働なのだ。

　感情労働の問題は，内面と外面の齟齬の調整に負荷が大きすぎると心の問題になりかねない点である。もう一つは，ホックシールドの調査から時間が経っているとはいえ，今日も観光ビジネスや接客サービス従事者は男性よりも女性の数が圧倒的に多いことから，感情労働を担わされるジェンダーの偏りが大きいことである。接客サービスの仕事に対してストレス耐性があり，対人コミュニケーションの情報処理が上手であることがプロの技量だと考えられていると同時に，そのような女性を

よしとするジェンダー観が今日もなくならないことは指摘しておきたい（コラム④）。

5-4　サービス価値モデル

　感情労働は，感情の情報処理の技術である。国際線の長距離便は半日以上も狭い座席で見知らぬ人と隣合う閉鎖空間の運命共同体である。旅は日常の時間を区切る非日常であり，いつもとは違う時空間を共にするコミュニタス（ターナー，2020：コラム①）である。

　この独特な非日常のストレス空間で，乗客の気分がいらいらしたり不快な気分になったりさせないのも接客サービスの高度な情報処理である。客室乗務員は食事や飲み物を提供する「接点」を利用して乗客に話しかけ，交流の機会を拡大してゲストの表情や態度，ふるまいなどから客を読む。乗客の中にはおしゃべりをしたい人もいれば静かに休みたい人，仕事をしたい人もいる。体調不良の人，プライベートで悩みを抱えている人，嫌なことがあった人，閉鎖恐怖症の人に至るまで，個人がどんな問題を抱えてそこにいるのかはわからなくても，「いま・ここ」の相手の感情や要望に添うように応対し，ゲストのサービス体験が望ましいものになるように主体的に関わっていく。あたかも即興劇のように，台詞を変えたり登場のタイミングを計ったりしながら，あらすじに沿って場を創る。

　そのようなパフォーマンスを体系化して整理したのが表9-1の「サービス価値モデル」である。接客サービスに求められる価値はシンプルで，表の中央に縦に並んでいる，①印象管理，②立居振舞，③意思疎通，④展示演出，⑤危機対応の5点である。乗客の人柄や要望を探るという行為は，意思疎通でもあり危機対応でもある。

　印象管理，立居振舞，意思疎通，展示演出，危機対応の五つは核となる重要な要素だが，接客サービスの実践段階では文化依存的である。たとえば，「展示演出の美しさ」を例にとると，食事であれば皿の色づかいや食べ物の盛りつけ方さえも文化的背景の違いによって評価が異なってくる。「印象管理」は，接客担当者の表情や髪の色，化粧の仕方をどう感じるかも文化差があるし，過度なおしゃれや個性の主張は不真面目とか保安要員として信頼できないという受け止め方さえされやすい。「立居振舞」の禁忌に不潔，模範に清潔とあるが，何が清潔な状態なのかは文化差も個人差もある。「危機対応」は事件や事故の予兆に早く気づくことが接客サービスの高度化でもある。「高度なサービスはマニュアル化ができない」といわれるゆえんである。

表 9-1　サービス価値モデル（八巻, 2013）

模　範	マニュアル・規則		禁　忌
清潔, 信頼, 明朗, 真面目, 几帳面, 愛想, 暖かい, 好感, 友好的, 健康, etc.	印象管理		不潔, 不信, 陰鬱, 不真面目, だらしない, 不愛想, 冷たい, 嫌悪, 非友好的, 不健康, etc.
	表	裏	
型, 自然, 勤勉, 迅速, 円滑, 反応, 熟達, 思いやり, 察し, 配慮, etc.	立居振舞		型くずれ, 不自然, 怠惰, 遅延, 混乱, 無反応, 未熟, 思いやり欠如, 察しが悪い, 配慮がない, etc.
	上手	下手	
説明, わかろうとする, 関心, 歩み寄り, 素直, 尊敬, 相互的, 寛容, 善意, 敏感, etc.	意思疎通		説明不足, わかろうとしない, 無関心, いじっぱり, 意固地, 軽蔑, 一方的, 偏狭, 悪意, 鈍感, etc.
	情報リテラシー サービス・リテラシー	葛藤処理 苦情処理	
美しい, 整理, 整頓, コスモス, 技術, 創造的, 独創的, 印象的, 粋, 洗練, etc.	展示演出		汚い, 未整頓, 混沌, カオス, 勘まかせ, 事務的, 模倣, 印象なし, 無粋, 粗野, etc.
	美	醜	
気づく, 警戒, 注意, 監視, 行動, 備え万端, 迅速, 協力的, 用心, シミュレーション, etc.	危機対応		気づかない, 隙, 不注意, 無監視, 無行動, 備えなし, 遅延, 非協力的, 油断, シミュレーション欠如, etc.
	敏感	鈍感	

　接客サービスのプロフェッショナルは,「客がわかるようになるには経験を積まなければならない」とよく言う。相手がどう感じるかを基点に客を読み, サービス・リテラシーを共有し価値共創の経験を重ねれば情報処理や判断が早くなり, 即興劇的な柔軟性でふるまえるようになるのである。

6　おわりに

　本章では, 接客サービスの高度化について説明した。広義のサービスの観点からは接客サービスは部分的なものだが, ゲストのサービス評価に大きな影響を及ぼす。企業などのサービス・マニュアルはサービスを再現化するためのもので, 品質の一元的管理が目標だ。新人にもできるルーティン業務の指示書で, 慣れれば誰でも効率化やスピード化を図ることができる。しかしサービスを早く完璧にやれることはプロなら当然で, それは接客サービスの高度化の一部でしかない。またベテランがみな「接客上手」とは限らない。

　一方，サービス・プロフェッショナルが目指す接客サービスの高度化とは，いわば舞台裏から見た接客のうまさのことである。①印象管理，②立居振舞，③意思疎通，④展示演出，⑤危機対応という五つのサービス価値は，実践レベルで文化的に依存するので，一人ひとりの客の要望に応じるためには「客を読む」情報処理と即興劇的で臨機応変な対応を繰り返すことで情報処理が早く的確に行われるようになっていく。さまざまに試した結果，ゲストの喜ぶ笑顔を沢山見たり，感謝の言葉を沢山聞いたりする体験が多ければ自己研鑽に努めているということになる。またプライベートな時間を使って自身が接客を受ける側になる機会を作る人も多く，ゲストとホストの両方の立場から価値共創の体験を積み重ねることで技量は培われる。結果としてエンターテインメントとしての価値共創がスピードアップされている状態がベテランの「上手」な接客サービスである。「高度なサービスの仕事はマニュアル化できない」といわれるゆえんである。

【引用・参考文献】

オルデンバーグ, R. ／忠平美幸［訳］(2013).『サードプレイス──コミュニティの核になる「とびきり居心地よい場所」』みすず書房（Oldenburg, R. (1999). *The great good place: Cafés, coffee shops, bookstores, bars, hair salons and other hangouts at the heart of a community*（2nd edition）. New York: Marlowe.）

カールソン, J. ／堤　猶二［訳］(1990).『真実の瞬間──SAS（スカンジナビア航空）のサービス戦略はなぜ成功したか』ダイヤモンド社（Carlzon, J. (1987). *Moments of truth*. Cambridge, MA: Ballinger.）

コトラー, P.・カルタジャヤ, H., & セティアワン, I. ／恩藏直人［監訳］／藤井清美［訳］(2017).『コトラーのマーケティング 4.0──スマートフォン時代の究極法則』朝日新聞出版（Kotler, P., Kartajaya, H., & Setiawan, I. (2017). *Marketing 4.0: Moving from traditional to digital*. Hoboken, NJ: Wiley.）

サンダース, B. ／和田正春［訳］(2014).『サービスが伝説になる時〈新装版〉』ダイヤモンド社（Sanders, B. (1995). *Fabled service: Ordinary acts, extraordinary outcomes*. San Francisco, CA: Jossey-Bass.）

スミス, A. ／大河内一男［訳］(2020).『国富論〈改版〉』中央公論新社（Smith, A. (1789). *An inquiry into the nature and causes of the wealth of nations*（5th edition）. London: Strahan.）

スミス, V. L.［編］／市野澤潤平・東賢太朗・橋本和也［監訳］『ホスト・アンド・ゲスト──観光人類学とはなにか』ミネルヴァ書房（Smith, V. (ed.) (1989). *Hosts and guests: The anthropology of tourism*（2nd edition）. Philadelphia, PA: University of Pennsylvania Press.）

ターナー, V. W. ／冨倉光雄［訳］(2020).『儀礼の過程』思索社（Turner, V. W. (1969).

The ritual process: Structure and anti-structure. Chicago, IL: Aldine Publishing.）

テーラー，F. W. ／上野陽一［訳］（1969）．『科学的管理法〈新版〉』産業能率短期大学出版部（Taylor, F. W.（1911）．*The principles of scientific management*. New York & London: Harper & Brothers.）

パイヤー，H. C. ／岩井隆夫［訳］（1997）．『異人歓待の歴史——中世ヨーロッパにおける客人厚遇，居酒屋そして宿屋』ハーベスト社（Peyer, H. C.（1987）．*Von der Gastfreundschaft zum Gasthaus: Studien zur Gastlichkeit im Mittelalter*. Hannover: Hahnsche.）

パイン，B. J.，＆ ギルモア，J. H. ／岡本慶一・小高尚子［訳］（2005）．『［新訳］経験経済——脱コモディティ化のマーケティング戦略』ダイヤモンド社（Pine, B. J., & Gilmore, J. H.（1999）．*The experience economy: Work is theatre & every business a stage*. Boston, MA: Harvard Business School Press.）

日置弘一郎（1994）．『文明の装置としての企業』有斐閣

ポーター，M. E. ／竹内弘高［監訳］（2018）．『［新版］競争戦略論Ⅰ・Ⅱ』ダイヤモンド社（Porter, M. E.（2008）．*On competition*（Updated and expanded edition）. Boston, MA: Harvard Busieness School Press.）

ボードリヤール，J. ／今村仁司・塚原　史［訳］（1995）．『消費社会の神話と構造〈普及版〉』紀伊國屋書店（Baudrillard, J.（1970）．*La société de consommation: ses mythes, ses structures*. Paris: Gallimard.）

ホックシールド，A. R. ／石川　准・室伏亜希［訳］（2000）．『管理される心——感情が商品になるとき』世界思想社（Hochschild, A. R.（1983）．*The managed heart: Commercialization of human feeling*. Berkeley, CA: University of California Press.）

本城靖久（1996）．『トーマス・クックの旅——近代ツーリズムの誕生』講談社

村松潤一（2017）．「価値共創マーケティングの対象領域と理論的基盤——サービスを基軸とした新たなマーケティング」『マーケティングジャーナル』*37*（2）: 6-24.

八巻惠子（2013）．『国際線客室乗務員の仕事——サービスの経営人類学』東方出版

八巻惠子（2014a）．「サービス・リテラシーとは何か」広島大学マネジメント研究センター［編］『連携による知の創造——社会人大学院の新たな試み』白桃書房, pp.138-140.

八巻惠子（2014b）．「空の企業文化」『月刊みんぱく』*38*（8）: 22-23.

Augé, M.（2009）．*Non-places: An introduction to supermodernity*. New York: Verso.

Nakamaki, H., Hioki, K., Mitsui, I., & Takeuchi, Y.（eds.）（2016）．*Enterprise as an instrument of civilization: An anthropological approach to business administration*. Tokyo: Springer.

Vargo, S. L., & Lusch, R. F.（2008）．Service-dominant logic: continuing the evolution. *Journal of the Academy of Marketing Science, 36*（1）: 1-10.

コラム③　消費と価値

市野澤潤平

　消費とは，一般的な日本語では「使ってなくすこと」といった意味だが，経済学や経営学においては，「欲求を満たすために商品（モノやサービス）を購買し消耗すること」を指す。つまり，お金を使う／支払う行為に限られるわけだから，モノを乱雑に扱ってすぐにダメにしてしまう人や，冷蔵庫の中を空っぽにしてしまう大食いの人であっても，その結果として新たに商品を購入するのでなければ，経済学／経営学的な意味での消費者とはみなされない。

　消費のあり方は，大きく三つに分けられるとされる。すなわち，①便益消費，②記号消費，③経験消費である。経済が発展し，消費者が豊かになるにつれて，その消費行動においては②や③の比重が高まる。便益消費（または消費の便益的側面）とは，即物的なニーズの充足であり，何かの欠乏や必要を物理的に満たすにとどまるような購買行動を指す。食事は空腹を満たすために，鞄はモノを入れるために，自動車は移動のために──こういったシンプルで直接的な消費行動が，便益消費である。

　対して記号消費（または消費の記号的側面）は，少し込み入っている。というのは，何かを買うことの主目的が，その何かが提供する機能ではなく，そこに読み取られる意味にあるからだ。たとえば，100万円以上の値札がつくエルメスの女性用バッグ「バーキン」は1万円のバッグよりも高品質だろうが，モノを入れる機能に大差はない。違いがあるのは，周囲からの視線である。つまり，バーキンは羨望の眼差しで見られ，1万円のバッグはそうではない。バーキンを持つということは，それだけの経済力，そして場合によっては高い社会的地位を示すのである。そのほかにも，たとえば廃材を使ったバッグを持つことで環境意識の高さを表すといった，社会生活のなかで他者に与える（他者が読み取る）何らかの意味作用を期待してモノやサービスを購入するのが，記号消費である。

　他者への見せびらかしともいえる記号的消費（その意味で顕示的消費という場合もある）に対して，経験消費（または消費の経験的側面）にあっては，他者を介在させずに当人がどう思うか／感じるか，それ自体に効用評価の焦点がおかれる。その点では便益消費と共通するが，深い感動，生きがい，達成感，成長の実感など，より高次の精神的充足を求めての消費を特に経験消費と呼ぶ。第9章でふれられた「コト消費」は，ここでいう経験消費と類似の概念である。食事であれば，美味しさ，食文化にふれる楽しさ，新たな味との出会いなど，即物的な満腹感にとどまらない感動が求められる。日常では得られない特別な楽しみを得るための消費活動である観光は，経験消費の典型である。

　観光ビジネスを成功させるためには，一人の客がいくら支払うか，すなわち客単価を高めることが重要になる。持続可能でない薄利多売のマスツーリズムから脱却するためにも（第12章），少数の客から高い利益を上げる意識をもつことが，今後の観光業には必要だ。そこで鍵となるのが，便益消費よりは記号消費や経験消費に対して人はより多くの出費を許容するという，一般的な傾向である（記号消費においては，高額出費それ自体が記号的意味をもつこともある）。

　客単価の向上は，高価格にふさわしいと客が思える経験価値を提供することで，成し遂げられる（客をだまして暴利をむさぼることではもちろんない）。ここでは，パイン＆ギルモアの『経験経済』などのマーケティングにおける議論を参考に，出費に見合うという意味での消費者にとっての価値を，四つの次元に分けて整理しておこう——すなわち，①コモディティ，②高付加価値商品，③狭義のサービス，④高度なサービス，である。観光ビジネスにおける客単価を高めるには，①より②，③より④を志向するべきだろう。

　コモディティ（直訳すると日用品）とは，モノとしての基本的な機能のみが重視される商品である。大量生産・大量消費型の商品として競合との差別化が難しく，価格の安さが重要な要素となる。コモディティの例としてよく挙げられる洗剤を買うとき，われわれが気にするのは汚れがよく落ちるかどうか，主にそれだけである（TVコマーシャルも，汚れ落としの性能を訴求するパターンが多い）。実際には，各社の製品に顕著な機能差はないので，値札のみを比べて選ぶ消費者もいるだろう。コーヒー豆を例に出すと，200グラムが数百円で売られている日常使い用のパッケージが，コモディティ商品である。

　高付加価値商品とは，コモディティの基本的な機能にプラスアルファの価値が付けられたもので，上述のバーキンはこれにあたる。抜きん出た高性能・高品質，優れた外観，高級なブランドイメージ，希少性などの特別な付加価値をもつ商品は，コモディティよりもはるかに高額かつ高利益率で販売できる。再びコーヒーでいえば，栽培方法と品質にこだわり抜いた農園指定の「スペシャルティ・コーヒー」なら，200グラム換算で1万円の値が付くことも珍しくない。

　サービスの消費は，モノを買うのではなく，誰かに何かをしてもらう形で便益を受け取ることだ（その形態は多様だが，自身で担うのが面倒／困難／非効率な仕事を代行させるのが狭義のサービス消費である）。街中の喫茶店でコーヒーを飲めば500円ぐらいは取られるが，一杯に使われる豆は10グラム程度。200グラムで考えれば1万円で，最高級のスペシャルティ・コーヒーと同レベルの値段になる。喫茶店が提供するコーヒーには，店員による作業や接客や空間のしつらえが織り込まれている。つまり一杯500円は，単なる飲食物ではなく飲食サービスとしての価格なのだ。

　コーヒーを核としたサービスを高度化して，ゲストが心底から感動するよう

な良質で特別な経験（上述の経験消費）を提供できれば，客単価の大幅な引き上げを見込める。洒落た空間でのアフタヌーンティ，コーヒーについて学ぶ教室，さらにはスペシャルティ・コーヒーの産地を訪ねる観光ツアーなど，創意工夫次第で多種多様なビジネスを展開できる（一般的には，高付加価値商品と高度なサービスの組み合わせが，より貴重な経験価値を生む）。コーヒーに限らずあらゆるモノ・コトが，高度なサービスを介在させる潜在力をもち，観光の素材となる可能性を秘めているのである。

【引用・参考文献】

パイン, B. J., & ギルモア, J. H. ／電通「経験経済」研究会［訳］（2000）. 『経験経済──エクスペリエンス・エコノミー』流通科学大学出版（Pine, B. J., & Gilmore, J. H.（1999）. *The experience economy: Work is theatre & every business a stage.* Boston, MA: Harvard Business School Press.）

コラム④ ジェンダーとセクシュアリティ

市野澤潤平

　安福恵美子（2003）によれば，観光研究の立場からジェンダーを論じていく視点は，以下の4点に整理される。すなわち，①観光のマーケティングにおける女性性，②観光における女性労働，③観光による女性のエンパワーメント，④地域社会におけるジェンダー関係，である。加えて人びとのセクシュアリティが，ある面ではツーリストを引きつける「プル要因」となり，他面では人びとに旅を促す「プッシュ要因」となっている現実にも，目を向ける必要がある。

　広告宣伝を中心とする観光地の表象のなかで，現地女性のイメージをホスピタリティやもてなしの質と結びつけて提示するのは，一般的な手法である。特に開発途上国の観光マーケティングでは，観光客をもてなす女性の従順さと性的魅力が強調される。そこに見出されるのは，男性と女性，そして先進国（ゲスト）と途上国（ホスト）の間に横たわる，権力関係である。

　女性性と従属性，そして性的魅力を結びつけて観光地の魅力に転じようとする観光産業の圧力は，観光の現場における女性労働のあり方を，強力に規定している。つまり，女性には多くの場合，管理職ではなく現場で観光客と接する仕事が与えられ，従順な態度を保つことを強いられる。接客の現場で女性たちは，高度な感情労働のみならず，美しく装う，女性性を強調した制服を着るなどのかたちで，自身の身体的魅力をも活用することが求められる。そればかりでなく，雇用条件も男性より不利なことが少なくない。

　観光には一方で，そうした旧来的なジェンダー非対称性を揺さぶる作用もある。女性の社会進出が伝統的に制限されてきた地域でも，産業としては余所者かつ新参者である観光業にあっては女性が積極的に，しかも比較的好条件で雇用される傾向がみられる。観光がもたらす就業機会の増加は，女性の経済的自立を促進するのみならず，職業上の創造性発揮やツーリストを巻き込んだ新たな人的ネットワーク構築など，さまざまな形でのエンパワーメントの可能性を秘めている。

　1970年代から80年代にかけて，欧米や日本の男性によるセックスツーリズムが問題視された。東南アジア，中南米，アフリカなどへと旅行する男性たちが，国家間格差を背景に経済力をふりかざして，訪問先の女性を堂々と買いあさっていたのだ。東南アジアでは，早くから観光開発が進んだタイやフィリピンなどに，外国人を客とする性産業が隆盛した。それらの国々は，外国人男性を誘い寄せるため，性産業を政府の黙認のもとに観光業へと組み込んだ（トゥルン，1993）。現在でも，かつてのような組織的な売買春こそ減少したものの，セックスツーリズムは強固に残存している。のみならず，経済発展が進む東アジア諸国やイスラム圏などの男性も参与するようになった点で，むしろそれは拡大を続けているとすらいえる。

　現地女性と男性ツーリストが出会う場面は，必ずしも厳格な管理売春に限らない。タイのゴーゴーバーのように（市野沢, 2003），斡旋業者による女性セックスワーカーへの管理がゆるやかな場合もあるし，フリーランスとして盛り場で客を探す場合もある。こうした自由度の高い売買春のセッティングは，ときに性の売り手と買い手を，心理的要素をはらんだ複雑な関係へと導くことがある。〈買う〉側は，たとえば食事に同行する，観光ガイドをしてもらうなど，売春の文脈を離れて相手と行動をともにすることで，より大きな精神的充足が得られる。一方〈売る〉側からすれば，売春以外の報酬機会を創り出すことになり，相手側との関係をうまく形成すれば利得の大幅な増加が見込める。結果として，一方が他方に愛情をいだくことすらありうる。

　異国の住人との単純な売買春ではない〈恋愛〉的要素を含む関係を期待しての旅行は，ロマンスツーリズムと呼ばれ，女性に特徴的な観光行動として研究者の注目を集めている。カリブ諸国やバリ島では，観光客向けにマリンレジャーのサービスを提供する「ビーチボーイ」が，外国人女性に声を掛け，〈恋愛〉関係を構築しようとする。その際には，性交渉はもちろん，相手女性を褒めそやし楽しませ，きめ細かなケアを提供する。その一方で，彼らは飲食遊興の費用を女性に支払わせ，事業資金や家族の援助などの名目で，金銭を引き出そうとする。そのためには，女性が反復して男性を訪ねてくるような長期的な関係を構築するのが，望ましい。女性ロマンスツーリストは，明確な買春の意図をもたずとも，男性との良好な関係を維持するために，多大な支出をすることをいとわない。こうした関係性の基本構図をみれば，ロマンスツーリズムとは〈恋愛〉という糖衣でくるんだセックスツーリズムにほかならない。

　近年では，同性愛者やトランスジェンダー／セクシャルなどのいわゆる LGBT が，自らの生・性を充実させる手段として，国境を超えた移動を活用している。たとえば，性別適合手術を目的にタイを訪れる日本人が増えているのは，その一例である。ジェンダー／セクシュアリティは，旧来の常識を打ち破るようなさまざまな仕方で，観光現象をつくりだす原動力となっているのである。

【引用・参考文献】

市野沢潤平（2003）.『ゴーゴーバーの経営人類学――バンコク中心部におけるセックスツーリズムに関する微視的研究』めこん

トゥルン, T.-D. ／田中紀子・山下明子［訳］（1993）.『売春――性労働の社会構造と国際経済』明石書店（Truong, T.-D.（1990）. *Sex, money, and morality: Prostitution and tourism in Southeast Asia.* London: Zed Books.）

安福恵美子（2003）.「観光とジェンダーをめぐる諸問題」『観光とジェンダー（国立民族学博物館調査報告）』37: 7–21.

第10章
ホスピタリティとフレンドシップ
観光ビジネスにおけるホスト／ゲスト関係の多様性と広がり

【基本概念】
ホスピタリティ，友情（フレンドシップ），親密性，フォーマリティ／インフォーマリティ

渡部瑞希

1 はじめに：観光地におけるインフォーマル・セクター

　観光業界とはどのような世界であろうか。接客の研修を経て極上のサービスを提供できるホテル・スタッフや，快適な旅程を提供するツアー・ガイド，地元の食材で素晴らしい料理を提供するシェフ。観光ビジネスは，ホテル，名店，交通手段にホスピタリティやサービスを料金に組み込むようにして発展してきたのである。そうした観光ビジネスは，政府に然るべき税金を支払うことで国の公式な経済指標である国内総生産（GDP）に組み込まれたフォーマル・セクターである。

　しかし，観光業をより俯瞰してみると，そうした公式的な（フォーマルな）ビジネスだけではないことに気づく。たとえば，メキシコ南部のマヤ文明遺跡，チチェン・イッツァ，インドの世界遺産，タージ・マハール周辺など，有名な観光名所の周りに雑然と立ち並ぶ露店では，同じような民芸品や土産物を政府の認可なく売っている。観光立国としても有名なタイにおいて，外国人客を相手にする性風俗は，公にこそされないもののタイの観光業の一端を担っている。またネパールでは，マリファナ等の大麻は表向き禁止されているが，好奇心旺盛な観光客の需要に応える形で，大麻の売人が密かに観光地に出入りしている。こうした観光ビジネスは，公式な経済指標に載るフォーマル・セクターとは異なり，政府機関の干渉や課税を免れながらも社会保障や基本的な労働の権利も認められていないインフォーマル・セクター（非公式な経済活動部門）である。

　本章が事例として取り上げるネパールの首都カトマンズの観光市場，タメル[1]の土産物店でも，税金や賃料は，店主と徴税者，店主と家主との個別的な関係で柔軟に決められている。さらに，観光客が買い求める土産物の多くには価格がついてい

ないため，観光客は土産物の売り手と個々に価格を決めなければならない。そもそ
も価格が決められていない取引きの場では，サービスやホスピタリティはほとんど
重視されていない。では，タメルの宝飾商人（ホスト）は，観光客（ゲスト）にど
のように対応し，観光客とどういった関係を築いているのか。本章では，その実態
を明らかにすることで，観光におけるホスト／ゲスト関係の多様な広がりをみてい
きたい。

2 親密性，ホスピタリティ／フレンドシップ

上述の問題に取り組むにあたり，親密性の特徴を 2 点に分けて説明しながら，ホ
スピタリティおよびフレンドシップをキーワードに論じていく（以下，友情をフレ
ンドシップ，友人をフレンドと表記する）[2]。

まず，親密性の一つ目の特徴は，プライベートかつ私秘的な関係性である。広辞
苑によれば，親密性とは「相互の交際の深いこと，親しく付き合っていること」と
ある。この定義において親密な相手とは，家族や恋人，友人であろうことは容易に
想像がつく。その関係は個人の感情（愛着）にもとづくためにしばしばベールに包
まれた「私的領域」にある。仲のよさそうにみえる夫婦でも実際の関係性はわから
ないし，DV や児童虐待の家庭内の問題も私秘的であるがゆえに自治体等の組織介
入はいまだに難しいのである。

そうした私的領域における親密性は，今日の観光ビジネスにおけるホスピタリ
ティとは無関係のように思われる。高級ホテルのスタッフは宿泊客に最高のホス
ピタリティを示すが，それによって宿泊客とスタッフが親友になるとは考えづらい。
しかし，観光産業が未発達の時代，ホスピタリティは親密性，とりわけフレンド
シップと密接に関係していた。これについて，以下，図 10-1「観光産業が未発達の
時代」を参照しながら，ホストとゲストの語源から遡って説明していきたい。

ホスト（host）とゲスト（guest）は，同じ印欧祖語の語根である ghos-ti，すな
わち英語のゴースト（ghost ＝幽霊）に由来する。これは，彼らが相互に「得たい

---

1) タメルは，1980 年代後半にバックパッカーなどの長期滞在者や登山者，低予算で旅行を
　楽しむ個人旅行者が集う「ツーリスト・エリア」として確立した。本章の調査結果は，
　2006 年から 2011 年の間，タメルの宝飾店を参与観察することで得られたものである。
2) 本章で，英語表記のフレンドシップを使うのは，単に，さまざまな国の人びとが集うタ
　メルでの主要言語が英語であるためである。

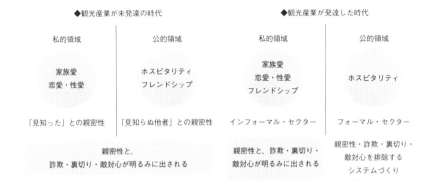

図10-1　観光産業の未発達／発達の時代におけるホスピタリティとフレンドシップ
（アレント（1994）を参考に筆者作成）

の知れない警戒すべき存在」（異邦人や敵）であったことを示している（デイヴィッド, 2018：65）。異邦人や敵を親切にもてなすことが, ホスピタリティの原型であるが, それは, キリスト教の理念でもある「隣人愛」より生じたものであった。

　隣人愛とは, 自分の身近にいる他者を自分と同じくらい愛せよ, という理念である。新約聖書のルカによる福音書（10章25〜37節）でイエス・キリストが説いた「善きサマリア人」のたとえは, この隣人愛の理念を表現している。この話では, エルサレムから故郷にもどる旅路で行き倒れになったユダヤ人の旅人を, 当時, ユダヤ人と敵対していたサマリア人が保護し助けたというものである。

　では, 異邦人や敵を親切かつ丁重にもてなす隣人愛とはどのような愛情であろうか。それは, 私的領域にあるプライベートで私秘的な家族愛でも性愛でもなく, 異邦人や敵との社会的距離を縮めるために公に表現されるべき愛情, すなわちフレンドシップであった。デイヴィッドによれば, 後期印欧祖語の主客関係では, 主人側が客人に対してホスピタリティとフレンドシップを示すべきものであり,「自分たちの祖父がかつて主客の関係にあったことを知ると, 戦いをやめて贈り物を交換する」のであった（デイヴィッド, 2018：66）。つまり当初, 公的領域において, ホスピタリティとフレンドシップは同義に捉えられていたのである。

　しかし, 異邦人や敵同士で結ばれたフレンドシップも, 一つ間違えれば欺しや殺人に発展してしまう脆弱なものであった。親密性の二つ目の特徴は, 親密性が詐欺や裏切り, 打算的行為といったネガティブな側面を含んでいることである。そうした事態は私的領域にある家族や恋人にも例外なく起こりうる。たとえば, 親や仲の

いい友だちに借りたカネをなかなか返済せずに行方をくらませたり，虚偽の結婚話で恋人から多額のカネを引き出す結婚詐欺などである。

　こうしたネガティブな側面は，先に述べた観光産業が未発達な時代のホスピタリティ／フレンドシップにも共通する。たとえば，ゲストが金銭を払って宿泊する宿屋は，詐欺，窃盗，横領，中傷，殺人まで起こりうる悪徳の場所であった（オーラー，2004：198）。オーラーによれば，宿屋の亭主のなかには，遠路はるばるやってきた親戚のようにゲストを迎え入れておきながら，彼らに悪いワインを売ったり，彼らが寝ている間に財布，袋，その他を盗んだりする者がいた（オーラー，2004：200）。あるいは，ゲスト自身が信仰深い巡礼者を装い，宿主の財を盗んだり，時には宿主を殺してしまうような山賊や盗人であったりもした。つまり，観光産業が未発達の時代，ホスピタリティ／フレンドシップは，異邦人や敵であるかもしれない者への好意や親切である一方，そうした親密さを利用して相手を欺くような裏の側面もあったのである。

3　観光産業の発展がもたらした変化

　では，観光産業が発展した後のホスピタリティ／フレンドシップはどうなったのであろうか。まず，今日的な観光ビジネスにおいて強調されるホスピタリティには，第2節で示したような，ホストとゲストの間に潜在する敵対心や打算性，詐欺への疑念だけでなく，その対極にある無償の好意やフレンドシップはまったくみられない。すなわち，図10-1の「観光産業が発達した時代」では，「見知らぬ他者」との間に，親密性だけでなく詐欺や裏切り等を排除したシステムができあがったのである。たとえば，浅草の雷門の土産物屋では，売り手と観光客が一瞬にして親密な友人になったり，親しくなった観光客を傷つけるようなことは起こりづらい。浅草の雷門前に設置された観光協会は，むしろ国や宗教別におすすめできる土産物や観光スポット，参詣の作法まで世話をするし，おかげで観光客は，見知らぬ土地で親身になってくれる親密な相手を必要としない。また，これらのサービス／ホスピタリティのシステムは，観光協会に登録する飲食店や土産物屋が支払う税金でまかなわれている。観光客を不当に扱えば，すぐさま観光協会から離脱しなければならないだろう。すなわち，観光協会や土産物屋，飲食店，もしくは浅草の町全体が，サービス／ホスピタリティのシステムそのものをつくりあげているのである。これが，フォーマル・セクターにおけるホスピタリティである。本節では，こうしたホスピタリティの変質の歴史的経緯を，①身元確認の発展と，②仲介業の発達から説明し

ていきたい。

　一つ目の身元確認の歴史は，フランス革命にまで遡る。革命後，基本的人権とともに国民の移動の自由が保障された。しかしそのせいで，盗人，山賊，浮浪者，外国人が自由にフランス国内を移動できるようになり，国内の治安悪化を招いたとされる。そこで国家が国民の身分を登録・管理するパスポート制度が新たにつくられた（日本の住民票のようなものである）。18世紀のフランス国内を移動する平民は，形式的に，「移動する人の出身地の村役場が発行したパスポート」もしくは「地域の教会権力が誠実な人柄を保証した証明書」のどちらかを所持する義務があった（トーピー，2008：36）。

　一方，パスポートを取得できない者は，要注意人物・悪意をもった者と捉えられるようになった。当時のフランス政府がもっとも要注意人物としたのが外国人である。外国人とは根本的に「信頼のおけない他国の出身者」であるため，彼らには，住所，氏名，人相等（身長，肌の色，髪や目の色等）が記載された証明書を持たせることとなった（トーピー，2008：50）。裏を返せば，観光客とは，自国の政府から「他国の治安を乱すようなことのないまっとうな人間」と証明された者であった。

　フランス革命以降，ヨーロッパ全土に浸透したパスポート制度により，以前のように，宿を求めた旅人が実は盗人だったというようなリスクは大きく低減された。近代の観光産業は，そうしたパスポート制度の下支えがあったからこそ発展したのである。

　二つ目の仲介業は，19世紀中頃，近代観光産業の先駆者であるイギリスのトマス・クックが手がけたものである。それは，新しい旅行先の開拓，切符の手配，割引運賃の確保，宣伝チラシの作成の他，自ら旅行添乗員となって，旅人が旅を行う上での余分な心配や障害を取り除くシステムづくりであった（白幡，1996：12-14）。仲介業の発展により，ホストとゲストは以前のように，互いに警戒し合う仲ではなくなった。たとえば，ホテルのフロント係は，宿泊客がどのような社会的背景と経済力をもった人物であるかについて，代理業者やクレジットカード会社からの情報を通じてあらかじめ知っている。ゲストもホテルのグレードに応じて，スタッフがどのように対応するかある程度知っている。

　また，ホスピタリティには，ホストが異邦人（もしくは観光客）を受け入れるときに発揮されると同時に，受け入れられる側の異邦人も礼儀をもってそれに応えるという双方向性がある。現在では，ゲストが観光地でどうふるまうべきかを明確に提示することで，ホストとゲスト間のトラブルを事前に回避する試みもみられる。た

とえば，インドのボンベイでスラム・ツーリズムを企画する Reality Tours & Travel は，観光客に倫理的態度でスラムを見学するよう促す。それは，「スラムの人と接してください」「スラムの人びととのプライベートを守ってください（勝手に写真を撮ったり，窓から覗き込んだりしないでください）」など，具体的にマニュアル化されている。他者の生活圏でもある観光領域に踏み込むのなら「観光客こそ礼儀正しくあれ」というのである。このように，フォーマルなホスピタリティは，ホストとゲストが双方にいだく潜在的な敵対心を覆い隠す「調整機能」によって可能となっている。

　一方，現代の観光業でいわれるホスピタリティが，フォーマルなビジネス領域で，フォーマルな対人関係において発揮されるようになると，フレンドシップは，公的領域から私的領域へ，すなわちプライベートで私秘的な関係性へと移行した。今日，われわれは，誰からの制約も受けることなく自由意志で友人をつくることができる。その限りにおいて，フレンドシップをフォーマルなビジネスの場に落ち込むのはナンセンスであろう。しかし，インフォーマル・セクターでは，フレンドシップを持ち込むことは可能なのである。次節では，観光地のインフォーマル・セクターで，なぜとりわけフレンドシップが重要なのか，フレンドシップを通じてホストとゲストの間に，どのような親密性がみられるかを概説していく。

4 観光地での出会いとフレンドシップのありさま

4-1　身元確認の方法

　インフォーマル・セクターには，フォーマルな企業間とは異なり制度的・法的な信頼がないため，個人の信頼や親密性があらかじめ認められる者（親族・隣人・仲間・友人）とビジネス関係を築くことが望ましいとされる（Davis, 1973）。しかし，観光地で初めて出会うホストとゲストが，親族・近隣者・同郷人であることは想定しづらい。そのため，そのもっとも可能性の高い親密性はフレンドシップなのである。実際に，観光地で偶然出会った現地の人びとと仲良くなり，帰国した後も SNS でやりとりしたり，互いの国を訪問しあうといったことはいくらでもある。後述するように，タメルの宝飾店で出会った商人と観光客が，さまざまなやりとりを経た上で継続的かつ親密な関係に至るケースは決してめずらしくない。

　しかし，フレンドシップはホスピタリティとは異なり，詐欺性や親密性をむき出しにした状態で交渉され，構築される。それは，観光産業が未発達の時代のように，インフォーマルな場では，ホストとゲストは互いに警戒すべき異邦人であるためで

ある。本節ではその事例として、タメルの宝飾店にやってきた観光客に提供される飲み物の「サービス」から記述していく。

　宝飾店において、飲み物の「サービス」は、販売業の顧客に対してなされる一般的なものとはいくぶん異なる。われわれの社会においても、美容院の待ち時間、自動車を購入する際の交渉時などに飲み物がふるまわれる。そうしたサービスは、経済的意味が込められている一方で、待ち時間や交渉時間を少しでも快適に過ごしてもらおうとする売り手側のホスピタリティの表れである。そこには、個人的な関係を構築しようとする意図はない。しかし、宝飾商人が観光客に提供する飲み物は、親密さと好意の意思表示である。「あなたのことをもっと知りたいのでお茶でもいっしょに飲みながら話しましょう」というわけである。

　一方、観光客の多くはこの「サービス」に懐疑的である。たとえば、筆者が調査していた宝飾店に、日本人女性の観光客（3名）がやってきた。店主が彼女たちに「ティーでも飲みませんか」というと、彼女たちは「この店で買うかどうかわからないのにティーをもらっては申し訳ない」といって、これを断った。仮に、フォーマルなサービスとして提供される飲み物であれば、彼女たちは懐疑を示さなかったであろう。あるいは、先に述べたように、飲み物を提供する相手が、インフォーマル・セクター内部の親や兄弟、隣人や友人であれば、それほど懐疑的になることもないであろう（Davis, 1973）。しかし、彼女たちにとって「見知らぬ他者」である宝飾商人が、得体の知れない不穏な存在（ghost）であるならば、宝飾商人の示す親密性の裏側に打算性や欺瞞を疑うのは無理もない。

　では、なぜ宝飾商人は、観光客の懐疑をかき立てるような親密性を、わざわざ最初の出会いの場で持ち込むのか。別稿で詳しく論じたように、観光客の個人情報が宝飾品の提示価格を決める手立てとなるためでもあるが（渡部, 2018）、別の理由としては、観光客の身元を確認するための時間稼ぎである。

　観光客の身元確認は、先に述べた、「見知らぬ他者」に対する潜在的な敵対関係を緩和するために要する。インフォーマル・セクターでは、観光客の個人情報を把握する術がない。たとえパスポートをもって入国した正式な観光客だとしても、その素性がわからない以上、観光客は警戒すべき他者である。宝飾商人によれば、観光客の中には土産物を買うそぶりをみせつつ店の商品を盗む者がいる。あるいは、タメルの商人が粗悪品を高値で売っていると現地警察に告発する観光客もいる。しかし、親しくなった観光客（フレンド）は、盗みや裏切り行為をすることなく宝飾商人に経済的利益をもたらす味方だと考えられている。

　では，具体的にフレンドになるための会話とはどのようなものだろうか。筆者が参与観察した店では，その会話はある程度マニュアル化されていた。一つ目に，観光客の名前を聞き出し，互いに名前で呼びあうようにする。二つ目に，出身国を知ることである。その国の文化や政治，経済，社会について会話を膨らませながら，相手がどんな考え方をもっているか知ろうとするのである。三つ目に，観光客のネパールでの経験を聞くものである。観光客の宿泊先や参加したアクティビティ，移動に要した乗り物のグレードは，観光客の価値観や経済力，社会的身分を知るうえで重要である（経済力の高い観光客は一流ホテルに宿泊するなど）。四つ目は，観光客の旅程を知るためのものである。これは，旅行の楽しみを共有し，心を通わせる上で重要だとされる。最後に，職業をはじめ，宗教や給料，未婚／既婚，家族構成，住まいなどの個人情報についても引き出そうとする。これらの情報は，かなり親しくならなければ語られないように思われるが，観光地での出会いの場では，さほど抵抗なく語られるようである。

　以上のように，宝飾商人は，最初に商売をふっかけるよりは，お茶をいっしょに飲みながら土産物の売買とはほどんど関係ない会話をもちかける。無論，こうした個人情報は，観光客の側だけでなく，宝飾商人の側からも積極的に提示される。宝飾商人は観光客の話を親身な様子で聞きながら，自身の抱えている問題や考えも語っているのである。

4-2　相互にケアする親密性

　上述のような会話の過程で，観光客が宝飾商人に打算性や商売っ気を感じ取り，逆に敵対的な雰囲気になることもある。しかし本章では，商売抜きの会話を経た結果，宝飾商人と観光客が，互いにホスピタリティを示すフォーマルな関係性ではなく，親密性を深め，互いにケアしあう状況を記述していきたい。

【事例①　カネに困ったオーストラリア人女性を助ける】
　筆者が調査していた宝飾店に，オーストラリア人女性がやってきた。この店の店主，Ｈは，彼女が仕事をやめてカトマンズに来ており今は無職であること，就いていた仕事の給料が月に1600ドル程度だったこと，38歳で未婚であること，カトマンズには登山を目的に来ていること，彼女の泊まっているホテル，次の日に１週間の登山に行くことなど，彼女のさまざまな個人情報を会話の中から引き出していた。その後，彼女はＨからシルバー・リングをオーダーし

た。まずは 2500 ルピーの手付金（シルバー代）を支払い，登山から帰った 1 週
間後に残りの 7500 ルピーを支払う約束をした。

しかし，1 週間後，彼女は店にやってきて，カネを支払えないばかりか預けた
2500 ルピーも返してほしいといった。登山の最中に財布を落としてしまった
のだという。H は大きな損失を被ったが，彼女の事情を理解して 2500 ルピー
を返金することにした。それだけでなく，H は財布を落として食事に困ってい
る彼女のために，彼女が帰国するまでの間，ランチとディナーの世話をした。

【事例②　フレンドとしてギフトを贈る】
ある韓国人男性（2009 年時 57 歳）は，2003 年に初めてネパールを訪問した時
に，タメルの宝飾店でジュエリーを購入し，H と親しくなった。それがきっか
けで，彼は毎年，H を訪れるためにカトマンズにやってきた。彼は韓国で大学
教授をしており，妻と娘の 3 人家族であった。その後，妻や娘をカトマンズに
連れてくることもあったが，1 人で訪れる際は H のアパートに宿泊した。また，
H と彼はともにネパールの観光名所を巡ったり，インドを旅行したりもした。
ある年，彼はひどい下痢を患った。H は彼を病院へ連れて行き，薬局で薬を買
い，彼の自宅で看病した。H に感謝した彼は，もしも H がネパールでのビジネ
スに失敗したり，もっと大きなビジネスをしたいと望むなら，韓国でビジネス
できるよう助けるつもりだと筆者に語った。

　【事例①】と【事例②】では，ホスト（H）がゲストである観光客をケアするさま
が見て取れる。【事例②】に関していえば，韓国人の大学教授は経済的に豊かな人
物であった。しかし，H と韓国人男性の間には，金銭的なやりとりはほとんどなく，
H はフレンドとして，彼の病をケアしたのである。

　そうしたケアは，【事例②】で韓国人男性が H に韓国でのビジネス援助を申し出
たように，観光客（ゲスト）から宝飾商人（ホスト）にも示される。【事例③】はそ
うしたケアの最たる例である。

【事例③　叔父との競争関係に勝てるよう協力するイタリア人観光客】
筆者のインフォーマントであった宝飾商人 M は，彼の叔父の店で働くセール
スマンであった。M はイタリア語が堪能であったため，毎年，登山に訪れるイ
タリア人観光客が M を慕って彼から宝石を購入していった。

　Mの売り上げが伸びると，彼の叔父は，彼にほとんどコミッション（給与）を与えなくなった。これに憤ったMは，叔父の店から50mほど離れたところに新店舗を構えた。Mは独立を果たした際，彼のフレンドであったイタリア人観光客をすべて彼の店に引き入れた。叔父からのひどい仕打ちに同情した彼らは，Mの店により多くのイタリア人観光客が行くようにと，他の登山仲間にも働きかけた。そのため，Mの独立後，叔父の店の経営状態は危機的状態に陥り，Mの店は繁盛した。

　【事例③】は，個別的な感情でMをケアする観光客のありさまである。このケアは，お膳立てされたホスピタリティではなく，インフォーマルな親密性の表れであった。

5 おわりに

　現代の観光ビジネスでは，たしかにフォーマル・セクターが目立つようになっている。しかし，途上国はもちろん先進国でも，観光業はインフォーマル・セクターや小規模事業者が多い産業である。また，フォーマル・セクターにおいても，ホスト／ゲスト関係は必ずしも完全にフォーマル化しきれていない。ネパールでは，旅行会社が企画した登山ツアーで出会った登山客とガイドが，山道ならではのイレギュラーな事態（体調の悪化や予期せぬトラブル）をともに助け合いながら切り抜けることで，「ホストとゲスト」という経済関係を超えた親密な関係を継続させることもめずらしくない。また，第4節の事例でみたように，以前はただの観光客であった誰かが，ホストの危機的な社会的・経済状況をフレンドとして救うこともある。

　そうした観光ビジネスにおけるインフォーマルな関係性は，個別的でプライベートであるがために多様でかつ可視化されにくい。しかし，実際は，そうしたインフォーマリティが観光の現場を動かしていたりもするのである。ポストコロナ期においてはなおさら，観光客を機械的にカウントするようなマスツーリズムよりもむしろ，インフォーマルな親密性の魅力や価値が見直されはじめている。たとえば，リモートワークが進めば，自由に住む場所を変えることができるようになり，観光／居住が同じビジネスの対象になるかもしれない。そうなれば，ホストとゲストの関係はますます親密になり，それにより新たな観光ビジネスが生起する可能性もある。

　第2節で述べた観光産業が未発達の時代のように，ホスピタリティ／フレンドシップが混ざり合っている状況が望ましいわけではないが，第3節で述べたフォーマルなホスピタリティだけでは，ホストとゲストの複雑な関係性を捉え損ねてしまう。変化の時期にある現代の観光ビジネスを考えるうえでも，インフォーマル・セクターの事例から学べることは多いのである。

【引用・参考文献】

アレント, H. ／志水速雄［訳］（1994）．『人間の条件』筑摩書房（Arendt, H. (1958). *The human condition*. Chicago, IL: University of Chicago Press.）

オーラー, N. ／井本晌二・藤代幸一［訳］（2004）．『巡礼の文化史』法政大学出版局（Ohler, N. (2000). *Pilgerstab und Jakobsmuschel: Wallfahren in Mittelalter und Neuzeit*. Düsseldorf: Artemis und Winkler.）

白幡洋三郎（1996）．『旅行ノススメ──昭和が生んだ庶民の「新文化」』中央公論社

デイヴィッド, A. ／東郷えりか［訳］（2018）．『馬・車輪・言語──文明はどこで誕生したのか〔下〕』筑摩書房（David, A. (2007). *The horse, the wheel, and language: How Bronze-Age riders from the Eurasian steppes shaped the modern world*. Princeton, NJ: Princeton University Press.）

トーピー, J. ／藤川隆男［監訳］（2008）．『パスポートの発明──監視・シティズンシップ・国家』法政大学出版局（Torpey, J. (2000). *The invention of the passport: Surveillance, citizenship and the state*. Cambridge: Cambridge University Press.）

渡部瑞希（2018）．『友情と詐欺の人類学──ネパールの観光市場タメルの宝飾商人の民族誌』晃洋書房

Davis, W. (1973). *Social relations in a Philippine market: Self-interest and subjectivity*. Berkeley, CA: University of California Press.

第 11 章

リスク／不確実性

「不確かさ」とともにある観光のダイナミズム

【基本概念】
リスク社会，リスク管理／危機管理，資源化，不確実性，安全／安心，レジリエンス

田中孝枝

1 観光とリスク

　観光におけるリスクと聞いて，何を思い浮かべるだろうか。旅先で怪我をする，財布をすられる，テロに巻き込まれるなど，自分が観光客として遭う可能性のある悪いことについて考えたかもしれない。観光は住み慣れた場所から離れて行われるものであり，日常では起こらないトラブルに巻き込まれることもある。一方で，リスクを旅の醍醐味と考える人もいるだろう。また，新型コロナウイルス感染症（COVID-19）の流行が世界の観光業に与えた甚大な影響を想起した人もいるにちがいない。一般的に，観光はリスクに脆弱な産業とされている。感染症の流行だけでなく，テロや災害など何か「危ない」ことが起こると客足は遠のいてしまうし，政治的・経済的変化の影響も受けやすい。

　観光現象には，観光客だけでなく，旅行会社，宿泊施設，飲食施設といった観光ビジネス，観光目的地に居住する住民，ローカルからグローバルまでさまざまなレベルの政府や機関など，多くのアクターが関わっている。こうした複数のアクターそれぞれにとってのリスクを考えると，多様なリスクが存在していることに気がつくだろう。本章では，リスクという概念を学び，リスクを通して観光について考えていきたい。

2 リスク社会，リスク管理，リスク化

　現代社会の特徴を「リスク社会」という言葉で表現したのは，U. ベック（1998）である。近代産業社会は，工業化の進展や科学技術の発達により，豊かさを生み出

すと同時に，原子力発電所の事故，地球温暖化のように複雑で広範囲に影響を及ぼす新たなリスクを生み出した。こうしたリスクがかつてのものと異なるのは，専門的知識のない一般の人びとがリスクを正しく理解し，制御することが難しく，専門家に頼らなければならないという点である。放射能や有害物質は個人が知覚できるものではなく，また，それが身体にどのような影響を及ぼすかについても，専門家の分析に依存せざるをえない。しかし，東日本大震災での原子力発電所事故が記憶に新しいように，専門家でさえ完全にリスクを予測し，コントロールすることはできない。こうしたリスクに覆われた社会をベックはリスク社会と呼んだ。

　ベックの著書は，チェルノブイリ原子力発電所事故の直後に発売されたこともあってベストセラーとなり，その後リスク研究が盛んに展開された。現在，リスクという言葉は日常的に多様な意味で用いられているが，学問分野によっても多義的なものとなっている。市野澤（2014a）は，ベック以降のリスク社会論におけるリスクという言葉の意味を考察し，リスクとは，①未来，②不利益（損害），③不確実性，④コントロール（操作・制御），⑤意思決定，⑥責任という六つの要因すべてを内包する現在における認識であり，これら六つの要因の重みやバランスは，それが立ち現れる状況に応じて異なっていると整理した。リスクとは常に現在における未来の認識であり，何らかの意思決定によって不利益がもたらされる可能性があること，そして，不利益がもたらされた場合には，意思決定の責任が追求されることである。しかし，その意思決定によって何が起きるかは，現時点では不確実なものなのである。

　リスク社会で発達したのが，前もって危険が生じる可能性を算出し，その原因を取り除こうとする「リスク管理」の思想と技法である。リスクを特定し，特定したリスクの発生確率と影響度から算出したリスクレベルに応じて対策を講じ，リスクによる被害を最小限に制御しようとする。リスク管理の思想が普及したことによって，人びとはまるであらゆるリスクを予測し，自らの決定によってリスクを回避することが可能であるかのように認識させられるようになった。市野澤（2010）は，これを N. ルーマンの議論を踏まえ「危険のリスク化」と呼んでいる。ルーマンは，リスクと危険を明確に区別しており，リスクは常に決定の問題であり，個人や組織の決定の結果として生じる未来の不利益の可能性のことであると定義する。それに対して，危険は意思決定に参加できない者の認識であり，「外部的に引き起こされると見なされる」ものだと論じる（Luhmann, 2005：22）。「危険のリスク化」とは，かつては神のみぞ知ることであった事象が，科学技術や制度の発達により，人びと

がその決定に関わりそれを管理可能なものと捉えるようになる（あるいは，そうさせられる）ことであり，危険を「自らの決定において能動的に対応できるリスク」と読み替える動きであるとする（市野澤，2010）。

　本来，管理できない「危険」を，自分の決定によって制御できる「リスク」のように捉えるようになり，人びとはリスクに敏感になっていく。しかし，感染症の蔓延，地震や洪水の被害を想起すれば明らかであるように，リスク予測には限界があり，すべてのリスクを完全にコントロールすることは不可能で，そこには依然として不確実性が残存している。リスク管理の思想は，リスクを集合的に捉え，その可能性を算出して管理するものであるが，人びとが向き合うリスクは個別具体的なものである。何をリスクと捉え，いかに対処しようとするかは，社会や文化，組織によっても異なる。また，特定のリスクは，それに向き合うすべてのアクターにとって同じ意味をもってはいない。観光客にとってのリスクが，観光ビジネスのチャンスになるように，ある人びとにとってのリスクは，別の人びとにとっては利益を生み出す可能性をもつものでもある。「危険のリスク化」という動的な過程に注目することで，利害関係の異なるアクター間の諸関係を浮かび上がらせることができるのだ。

3　観光ビジネスによるリスクの資源化

　さて，観光に話をもどそう。観光客にはさまざまなリスクが存在する。飛行機が遅延するかもしれず，カメラを紛失するかもしれない。こうしたリスクに対して人びとは，旅行会社を利用したり，保険に入ったりすることで対処している。観光（tourism）という現象は，19世紀前半の西欧における鉄道や蒸気船など交通技術の発達とともに誕生し，大衆化していった。かつては特定の社会階層の人びとだけが享受することのできた「楽しみのための旅行」に，誰もが参加できる大衆観光（マスツーリズム）の時代が訪れた。D. ブーアスティンは，大衆観光を批判し，かつては本物の冒険であった旅が，旅行会社の登場によって流れ作業でつくられる浅薄な偽物の経験に変えられてしまったことを嘆いた。旅行者と観光客を対比的に語るなかで彼は，「旅行者の危険が保険の対象にされたとき，その旅行者は観光客となったのである」と述べている（ブーアスティン，1964：103）。観光が大衆化し，観光ビジネスが発達するなかで，旅行保険が誕生した。観光客は旅行保険に加入することで，荷物の紛失や盗難，交通機関の遅延や事故といった危険をリスク化できるようになった。旅行者の経験を「本物」，観光客の経験を「偽物」と語るブーアスティン

の議論は、のちに批判を受けるが、旅行で起こりうる数多の危険をリスク化し、それを管理する技法が観光ビジネスによって次々と生み出されていったことは事実である。ジュール・ベルヌの同名小説をもとに 1956 年にアメリカで公開された映画『80 日間世界一周』の登場人物は、現金の盗難に気をもんでいるが、トラベラーズチェックの発明により、現金盗難という危険はリスク化された。さらに、トラベラーズチェックの役割は、クレジットカードやオンライン決済にとってかわられている。

このように、近代観光ビジネスの歴史は、旅行のリスク管理の歴史と捉えることができる。言い換えれば、観光における危険をリスク化し、それを管理できる（ように見せる）ことが観光ビジネスの生み出す付加価値であり、観光ビジネスはリスクを回避するだけでなく、リスクを資源化しているのだ。

4 旅行会社の現場からみるツアーの不確実性

観光ビジネスはリスクを資源化し、リスク管理に努めるが、リスクを完全に制御することは不可能であり、常に不確実性が存在する。ここでは、旅行会社の販売するツアーを例に、現場で仕事をする人びとが日々向き合う不確実性を検討してみよう。ツアーのリスク管理に困難をもたらすのは、旅行会社のビジネスの二つの大きな特性である（田中, 2020）。

一つは、提供する商品がサービスであることによる予測不可能性である。マーケティングの分野において、モノとは異なるサービスの基本的な特徴として、①無形性、②変動性、③消滅性、④同時性の四つが指摘されている。①無形性とは、サービスには形がなく、触ってみることができないこと、②変動性とは、提供されるサービスはいつでも同一のものになるとは限らず、また、ほぼ同じ内容であっても、消費者によってその認識の仕方が異なること、③消滅性とは、サービスは行為やパフォーマンスであるため、モノのように在庫をもつことができないこと、最後に④同時性とは、サービスでは生産・流通・消費が同時に行われるため、三者が不可分であることを意味する。

パッケージツアーは、基本的に紛争地帯などの危険地域では催行されないが、「安全」とされていた地域で不測のテロが起こることもあるし、災害に巻き込まれることもある。渋滞で予定通りに旅程をこなせないこともあるし、ビーチに行ったのに毎日雨が降ることもある。ツアーは形のない商品であり、サービスの生産者と消費

者の相互行為によって顧客の旅行経験は形づくられていく（第9, 10章）。また，同じツアーに参加しても，そこでの出来事に対する認識や評価は人によって異なる。現場で起こることには，旅行会社のリスク管理だけではコントロールできない予測不可能性があるのだ。

　ツアーのリスク管理を難しくするもう一つの特性は，旅行会社のビジネスの代理性である。旅行ツアーは飛行機，ホテル，バス，ガイドといった他社の商品を組み合わせて代理販売するものであり，それぞれの商品を旅行会社が実質的には管理できないことが多い。新しいツアーを企画しても，航空券やホテルが確保できなければ，ツアーを催行することはできない。また，自社がいかにリスク管理を徹底しても，他社の商品に不備があれば，顧客からの不満は旅行会社に向けられる。そのため，旅行会社と旅行者の取引条件書には，消費者は諸サービスを提供する各社と契約を結ぶものであり，旅行会社はその販売を代理していることが明記されている。また，戦争やテロなど，旅行会社の管理を越える事態により予定通りの催行ができないことも，旅行会社の責任の範囲外とされる。しかし，何かトラブルがあると，顧客は旅行会社に不満の矛先を向ける。実際，搭乗予定の飛行機がキャンセルされれば別の航空券を予約し，航空会社に預けた荷物が紛失すれば，航空会社に交渉するというように，旅行会社はトラブルの解決を手伝うこともある。これは，旅行会社を利用することに顧客が求める「安心」でもある。旅行会社の代理性は，リスク管理の困難を生み出す一方で，顧客の「安心」を生み出す資源にもなるのだ。

　インターネットの発達，民泊をはじめとするシェアリングサービスの登場により，旅行会社を利用せず，自分で旅行を手配することも一般的になった。特に，OTA（Online Travel Agent）と呼ばれるインターネットだけで取引を行う旅行会社の台頭により，従来の店舗型旅行会社は，新たなビジネスモデルの展開を迫られている。「近代ツーリズムの祖」として知られるトーマス・クックによって創設されたトーマス・クック社も，2019年9月に経営破綻し，1年後にOTAとして再出発した。このことは，インターネットで簡単に世界各地の情報を検索し，ホテルや航空券を個人で予約できるようになった現代において，旅行会社に求められる付加価値が変化したことを象徴している[1]。

---

1) しかし，個人で旅行を手配することが一般化するなかで，新型コロナウイルスの感染が流行し，境界を越えて移動するリスクに対して，人びとはかつてより敏感になった。旅行会社の提供する「安心」は，再び価値のあるものとして人びとの関心を集めるかもしれない。

5 リスクの多面性

5-1 リスク認識の多様性

　次に考えてみたいのは，顧客が何を「安心」と感じ，その「安心」を提供するために旅行会社がどのようなシステムをつくるかは，社会や文化によって異なるということである。旅行ツアーのリスクを管理する手段の一つとして，手配基準を紹介しよう。手配基準とは，ツアーの宿泊施設や飲食施設，ガイド，車両，運転手などを手配する際の選定基準である。たとえば，バスの乗車率や製造年数，ガイドの経験年数や語学能力の基準などが定められている。これまでのクレームやトラブルの経験によって形づくられたものであり，ツアーの予測可能性を高め，一定の品質のサービスを提供するためのものである。

　筆者がフィールドワークをした中国にある日系旅行会社は，これまで日本人を主要な顧客としてきたが，新たに中国人マーケットを開拓するため，現地の旅行会社と業務提携した。そして，高品質な「日本的サービス」を提供するために，日本人客向けの手配基準を，中国人の訪日ツアーに適した内容に調整する作業を行なった。そのなかで，たとえばホテルで部屋まで荷物を運ぶポーターサービスをつけるという手配基準が削られることになった。言葉も通じない慣れない環境で他人に荷物を預けるのは，日常的に盗難の多い中国で生活する顧客にとって，快適さよりも不安が勝るものだと判断されたからだ。何が快適で安心できるサービスかということは，何に不安や危険を感じるかというリスク認識と表裏一体のものであり，リスク管理のシステムも，社会的・文化的に構築されたものなのである（田中, 2020）。

5-2 「安心」と「安全」

　ただし，ここでもう一度思い出してほしいのは，旅行会社はさまざまな方法で顧客に「安心」を提供するが，「安全」を保証することはできないということだ。吉田（2014）は，ツアー事故への観光ビジネスの対応の歴史を整理し，事故を未然に防ぐための制度や取組みが拡充させられてきたにもかかわらず，現在もツアー事故が起こり続けていることを指摘する。吉田は，その要因を観光ビジネスが必ずしも専門的技能や知識のない大衆（マス）の欲望を叶えようとするものであり，大衆の欲望を叶えることと，安全を担保することとの間に乖離が生じるためであると論じている。観光が大衆化したがゆえに，かつてであれば専門的知識や経験のある人のみが行なった登山や南極訪問といった旅行を，準備の十分でない人びとが行うよう

になった。

　もちろん，リスクが高く，専門的知識や技能の必要な観光アトラクションには，事前の講習や資格の取得が求められるが，短期間で習得できることは限定的である。市野澤（2014b）は，ダイビング産業におけるリスクの資源化を考察し，観光ダイビングが「安全」とされる根拠は，事故の発生確率の低さといった客観的な「安全」ではなく，インストラクターの専門性や能力の高さによって得られる「安心」であることを指摘する。顧客は，インストラクターを信頼することで「安心」を手に入れる。このように，観光ビジネスは，それぞれ異なるやり方で「安全」と「安心」を切り分け，リスクを資源化しているのだ。

5-3　不確実性を楽しむ

　ここまで，リスクを回避し，安心を提供する観光ビジネスのあり方を説明してきたが，人はあえてリスクを取り，それを楽しむこともある。ブーアスティンがかつての旅行者を，自ら旅を組み立て，困難を克服して目的を達成する冒険者であったと賛美したように，現代の旅行者も，旅行会社が提供するツアーを利用するのではなく，バックパッカーのように自分だけの特別な経験や冒険を求めることもある。彼らは，リスクが完全にコントロールされるよりも，ときにトラブルに巻き込まれながら，それを乗り越えることに喜びを見出す。また，自分の行為を「観光」とは呼ばず，「旅」や「旅行」と表現するかもしれない。つまり，観光において不確実性は，楽しまれるものでもある。そもそも不確実性の高い状況が常態化した世界では，不確実性は「安心」，「安全」の反意語ではなく，「社会関係を円滑にしたり，法や制度，規則の中に抜け道や融通の効く範囲を見つけたりするための「資源」としても活用」されてきた（小川，2018：54）。不確実性は，観光においても，一様に縮小・排除されるべきものではなく，楽しみや旅行の意味を生み出す資源でもあるのだ。

6 危機からのレジリエンス

　リスクを完全に管理することができないのであれば，次に生じてくる問いは，危機が生じた際に，いかに対処し，回復するかだ。こうした発想と仕組みは「危機管理」と呼ばれる。リスクの要因を洗い出して取り除き，事前に予防しようとするリスク管理とは異なり，いつか危機が生じることを前提として，被害を最小限にとどめ，早期回復させるためのものである（図11-1）。特に2000年以降，アメリカ同

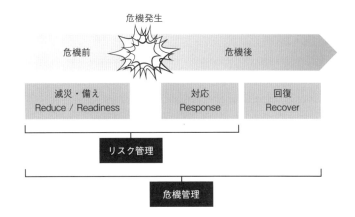

図 11-1　リスク管理と危機管理

(JTB 総合研究所ウェブサイト（n.d.）「「危機管理」と「リスク
管理」の違い分かりますか？」をもとに筆者作成)

　時多発テロ事件，バリ島爆弾テロ事件，スマトラ沖地震・インド洋津波，東日本大
震災など，悲劇的なテロ攻撃や自然災害が相次いで発生し，観光業の脆弱性が浮き
彫りになっただけでなく，危機発生時に弱者となる観光客の存在に人びとの目が向
けられるようになった。地元住民と異なり，観光客は土地勘がないため，避難経路
や避難場所がわからない。また，家から離れた場所にいるため，災害時には帰宅困
難者になる。外国人観光客であれば，コミュニケーションが困難であることも多く，
さらに，出身地域によって災害認識や経験も大きく異なる。地震のない地域で生ま
れ育った人は，地震発生時に何をすればよいか，地震後に何が起こるのか，想像す
ることもできない。こうした移動する観光客の存在も含めて，観光ビジネスや観光
目的地は，危機の発生に備えなければならず，世界中で未曾有の災害が頻発するな
かで，リスク管理の限界が露呈し，危機管理の必要性が叫ばれるようになった。

　平常時の減災対策や危機対応への備えだけでなく，危機発生後の対応，危機から
の回復というプロセスに注目が集まるなかでキーワードとなったのは，「レジリエ
ンス」である。この言葉を広く普及させたのは，2005 年の第 2 回国連防災世界会議
において採択された「兵庫行動枠組 2005-2015」であり（Barrios, 2016），「災害に強
い社会（resilient society)」の構築を目指すことの重要性が宣言された。レジリエ
ンスは，リスクと同様，幅広い分野で多義的に用いられており，日本語訳も「強靭
性」や「回復力」，「弾力性」などさまざまであるが，対象を災害に限らず広く捉え
ると，「危機や逆境に対して生きのびる柔軟な力」（奈良・稲村, 2018：6）とおおま

かに考えることができる。

　観光研究においても，レジリエンスという概念は，社会的・文化的・経済的・生態的・物質的な幅広い領域に跨がる適応と変化に焦点を当てることのできる概念として注目されている（e.g. Lew & Cheer（eds.）, 2017）。観光は，環境や社会，経済などさまざまなレベルの変化に晒されており，変化の速度も突然のものから，ゆっくりとしたものまである。また，変化が生じる社会的・地理的規模も多様である。地震や津波，政変，経済危機のように，突然，特定の地域に甚大な変化をもたらすものもあれば，地球温暖化のように，少しずつ地球規模の変化をもたらすものもある。また，ホテルでの食中毒の発生といった一企業レベルで対処されるものもあれば，テロ事件のように観光目的地全体でのイメージ回復や観光客数回復に向けた取り組みが必要なものもある。

　レジリエンスとは，新しい環境に適応し，新たな市場やビジネス，観光の意味を生み出す力であり，観光をめぐって繰り広げられる個人から国家まで異なるレベルの活動が，変化によって生じた新たな条件に適応する力を表す言葉となっている。つまり，レジリエンスは必ずしも元の状態に戻ることを意味しているのではなく，個人レベルでみれば，観光ビジネスをやめることもレジリエンスの一つの形であるのだ。レジリエンスを考える際もまた，人びとが現場で試行錯誤する個別具体的なプロセスに注目することを忘れてはならない。

　2020年における COVID-19 の流行が明らかにしたのは，境界を越えて移動し，人と人とが交流することそれ自体が，観光客にとってだけでなく，観光目的地や観光ビジネスにとっても，リスクをはらむ行為なのだということだ。COVID-19 は，一部地域で局所的に生じたものではなく，全地球的に生じたものであるため，観光客の移動を遮断する以外に対応策がない状況がもたらされた。リスク管理では制御することのできない想定外の事態や封じ込めようのない事態は起こり続けており，地球環境が変化するなかで，人と自然の関係もこれまでとは異なるものになっている。レジリエンスの考え方は今後よりいっそう重要になるだろう。

7　まとめ

　本章では，リスクという概念を学び，リスクを通して観光を読み解くためのいくつかの視点を紹介した。危険のリスク化という動的な過程に注目することで，異なる利害関係をもつアクター間で，誰が，何を，誰に対して，何のためにリスク化

しているかを捉えることができる。ある人びとにとってのリスクは，別の人びとにとっては利益を生み出す資源になるものでもあり，観光ビジネスの利益は，旅行者にとってのリスクを資源化することによって生み出されている。

　観光の現場で行われるリスク管理には限界があり，不確実性は常に存在している。そこで行われるのが，「安全」と「安心」の切り分けであり，それぞれの文脈における多様なリスク認識に応じて，顧客の「安心」を生み出す仕組みがつくりだされている。しかし，不確実性は必ずしも制御されるべきものではなく，楽しみや旅行の意味を生み出す可能性があるものでもある。さらに，リスク管理だけでなく，生じてしまった危機からのレジリエンスという観点からも，観光とリスクという問題領域にアプローチすることができるのだ。

　観光とリスクの関係を捉えるためには，リスクを管理や制御の対象としてのみ捉えるのではなく，観光の現場で人びとが向き合う個別具体的なリスクとそれへの対処を観光人類学的な視角から考察し，リスク／不確実性とともにある観光の動態を照射することが重要となる。観光客や観光目的地，観光ビジネスなど，それぞれのアクターを対象として，リスクやレジリエンスという視角から考察できるテーマは多彩であり，そこから観光の新たな意味や可能性を見出すことができるのではないだろうか。

【引用・参考文献】
市野澤潤平（2010）.「危険からリスクへ――インド洋津波後の観光地プーケットにおける在住日本人と風評災害」『国立民族学博物館研究報告』34(3): 521-574.
市野澤潤平（2014a）.「リスクの相貌を描く――人類学者による「リスク社会」再考」東賢太朗・市野澤潤平・木村周平・飯田　卓［編］『リスクの人類学――不確実な世界を生きる』世界思想社, pp.1-27.
市野澤潤平（2014b）.「危険だけれども絶対安心――ダイビング産業における事故リスクの資源化」東賢太朗・市野澤潤平・木村周平・飯田　卓［編］『リスクの人類学――不確実な世界を生きる』世界思想社, pp.132-156.
小川さやか（2018）.「序にかえて――現代的な「消費の人類学」の構築に向けて」『文化人類学』83(1): 46-57.
田中孝枝（2020）.『日中観光ビジネスの人類学――多文化職場のエスノグラフィ』東京大学出版会.
奈良由美子・稲村哲也（2018）.「まえがき」奈良由美子・稲村哲也［編］『レジリエンスの諸相――人類史的視点からの挑戦』放送大学教育振興会, pp.3-8.
ブーアスティン, D. J.／星野郁美・後藤和彦［訳］（1964）.『幻影の時代――マスコミが

製造する事実』東京創元社（Boorstin, D. J.（1962）. *The image: A guide to Pseudo-events in America*. New York: Harper and Row.）

ベック, U. ／東　廉・伊藤美登里［訳］（1998）.『危険社会——新しい近代への道』法政大学出版局（Beck, U.（1986）. *Risikogesellschaft: Auf dem Weg in eine andere Moderne*. Berlin: Suhrkamp.）

吉田春生（2014）.『ツアー事故はなぜ起こるのか——マス・ツーリズムの本質』平凡社

Barrios, R.（2016）. Resilience: A commentary from the vantage point of anthropology. *Annals of Anthropological Practice, 40*(1): 28–38.

JTB 総合研究所ウェブサイト（n.d.）.「「危機管理」と「リスク管理」の違い，分かりますか？」〈https://www.tourism.jp/project/tcm/why/crisis/（最終閲覧日：2022 年 4 月 8 日）〉

Lew, A., & Cheer, J.（eds.）（2017）. *Tourism resilience and adaptation to environmental change: Definitions and frameworks*. London: Routledge.

Luhmann, N.（2005）. *Risk: A sociological theory*（trans. by R. Barrett）. New Brunswick, NJ: Aldine Transaction.

コラム⑤　観光資源化

市野澤潤平

　第5章では，文化の「客体化」と「商品化」が論じられた。加えて第11章では「資源化」という言葉が登場したが，これは応用志向の観光学や観光業の実務においてよく使用される概念である。ここでは，観光まちづくりや商品開発に興味をもつ読者に向けて，観光資源化およびその周辺概念について，ごく初歩的なマーケティングの視座を導入しつつ整理をしておきたい。

　客体化とは，当たり前すぎて殊更に存在を気にかけていなかった事物を，新たな文脈において意味づけし直し，自らによる操作の対象として意識することであった。たとえば，実家で母親が出してくれる米飯を日々漫然と食べてきた男が，一人暮らしを始めると食生活への意識が高まり「ひとめぼれ」や「つや姫」といったブランドにこだわるようになる。加えて筋肉トレーニングに凝り出すと，自らの身体の一部にあってもそれとして認知していなかった，大腿四頭筋やらハムストリングやらを鍛える対象として捉えだす。このような具合に，事物の客体化にはさまざまなパターンがありうる。

　客体化のなかでも，対象を特定の意図や目的のもとに利用する場合を指して，特に資源化と呼ぶ。資源とは，何らかの形で人間の利用に資する事物である。道端に生い茂る雑草には見向きもしなかった男が，筋トレを続けるうちに健康志向を強めて，雑草の中からドクダミやヨモギを選んで摘み取り薬草として煎じて飲む──これは雑草の資源化にあたる。これまで無価値であった事物を新たに有効活用することに加えて，すでに何らかの形で使われている事物の異なる利用法を見出すのも，また資源化である。たとえば，われわれは酸素に依存して命を保っており，酸素はその意味で昔から資源であった。ところが近年，美容や健康目的での酸素の吸引が，人気を集めているという。自然の空気に含まれる酸素をそのまま吸うのではなく，純酸素に精製してボンベに詰めて吸うのは，酸素の新たな利用法の発見であり（再）資源化である。

　そして商品化とは，何かを販売して金銭を得るという，資源化の特定の形である。上述した美容・健康目的の純酸素は，ボンベに詰めて売られたり，エステサロンが時間いくらで吸引サービスを提供したりすれば，単なる資源化にとどまらず商品化されたことになる。資源化（または単に資源）という言葉が観光との関わりで使われる際には，上述した客体化はもちろん，商品化の語義をも含むニュアンスを帯びていることに，注意をしておきたい。

　事物の観光資源化（≒商品化）のプロセスを考察するにあたっては，ホスト側（観光ビジネスの担い手）以上に，ゲスト側（潜在的な観光客≒消費者）の視線

で考えることが重要となる。なぜなら，事象の観光資源化は，誰かが何かを観光のネタとして売り出すだけでなく，それを観光客が欲するようになってはじめて，実効性をもつからだ。つげ義春の「石を売る」という漫画の主人公は，石だらけの多摩川の河原に店を出し，そこで拾った石を販売する。当然だがまったく買い手はつかないので，石を売ってはいるが有効利用しているとはいえない。この例は，資源化の失敗，または機能不全として理解するのが妥当だろう。何かを売ろうとしても売れないのであれば，その何かはうまく資源化されていないのである。逆にいえば，仮に積極的な売り手がいなくとも，買い手が現れれば観光資源化は成立する。

　本書では詳細に立ち入らないが，マーケティングとは，企業などが価値ある製品を創造し，その価値を市場に伝えることを通じて販売を促進していく，一連の活動である。その意味において，ホスト側が導く事物の観光資源化とは，観光マーケティングの実践にほかならない。視点を変えて，観光資源化のプロセスをゲスト側から理解するうえでも，観光マーケティングの視座は有用である（高橋編, 2011；森下編, 2016など）。少なくとも，消費者≒観光客における「ニーズ（needs 必要）／ウォンツ（wants 欲求）／デマンド（demands 需要）」の区別は，知っておいた方がよいだろう。

　ニーズとは，消費者（潜在的観光客）が漠然と，ときに無自覚にもっている何かをしたいとか何かが足りないといった感覚である。近々結婚する二人が，一生の記念になるような場所へと新婚旅行をしたい。またはスクーバ・ダイビングを趣味とする人が，どこか素晴らしい海に潜りたい。そう思ってはいるものの，具体的に何をどうしたいかまでは考えていない。このように具体性を欠く，半ば潜在的な望みや必要が，ニーズである。対してウォンツとは，より具体的で明確な欲求である。新婚カップルやダイバーが，休暇を取って「南国の楽園」といわれるモルジブやフィジーへ旅行することを検討しはじめるのが，ウォンツの段階だ。あやふやなニーズが明確なイメージを伴うウォンツに変わるためには，マスメディアやSNS，口コミなどを通じて得られる情報の助けが必要である。マーケティングによる提案や誘導を受けて，自覚されていないニーズやウォンツが顕在化する（さらには創り出される）ことも，十分にありうる。

　そしてデマンド＝需要とは，相応の対価のもとに商品を購買する意思である。○○万円の「地上の楽園・モルジブ一週間の旅」といったツアー商品の購入，そうでなくとも自分で飛行機やホテルを手配してモルジブに行く意思を消費者が抱けば，需要が発生したと見なせる。逆に，モルジブに行きたい人が巷に溢れていても，その人たちに十分な経済力がなければ，または財布を傷めて支払いをする意思をもたなければ，モルジブ旅行への需要はないのである。消費者にとっての費用対効果が見合わなければ需要は生じないし，高額商品でも消費者が納

得して買いたいと思えばそれが需要になる。観光資源化は，需要を生み出してはじめて有効に成立する——この点をおろそかにしてしまえば，よいアイディアをいくら出しても，観光ビジネスとしての成功はおぼつかないのだ。

【引用・参考文献】
高橋一夫［編］（2011）.『観光のマーケティング・マネジメント——ケースで学ぶ観光マーケティングの理論』JTB 総合研究所
森下晶美［編］（2016）.『観光マーケティング入門〈新版〉』同友館

第 12 章

持続可能な観光

環境に優しくあろうとする新たな観光の潮流

【基本概念】
持続可能な観光，オーバーツーリズム，オルタナティブ・ツーリズム，エコツーリズム，コミュニティベースト・ツーリズム（CBT）

岩原紘伊

　本章では，まず国際観光の視点から，新しい観光概念であるオルタナティブ・ツーリズムと持続可能な観光の登場について整理する。そのうえで，それらに深く関わる二つの観光形態（エコツーリズムとコミュニティベースト・ツーリズム）について，文化人類学の立場から検討する。

1 第二次世界大戦後の国際観光開発

1-1 経済発展のための観光

　観光は，第二次大戦後，先進国，発展途上国問わず，比較的着手しやすい経済開発の手段として促進されてきた。というのも，観光産業は労働者の高度な技術をあまり必要としない一方，多くの観光客が訪れることで建設業や運輸業といった関連産業の発展も期待できる。さらに国際観光客の受け入れは，外貨獲得にもつながる。特に，1979 年に世界銀行がユネスコと共同で報告書『観光——経済発展へのパスポート』をまとめて以降，観光開発は開発援助と結びつき発展途上国の経済開発戦略のなかに組み込まれた（de Kadt, 1979）。発展途上国では 1980 年代にかけて，国際観光開発が進んだ。

　観光開発による経済効果は，否定できるものではない。事実，多くの観光地では観光開発によって地域住民が現金収入を得る機会は増加している。しかし，第二次世界大戦後の観光ブームが，恩恵だけを観光地にもたらしたわけではない。観光開発には，弊害も伴う。

　国際観光客を多数受け入れるためには，ジェット旅客機が離着陸できる空港，観光バスが通る道路，宿泊施設の整備等，大規模開発を通したインフラ整備が必要不

可欠となる。大規模開発事業は，まずそれ自体が周囲の自然環境を物理的に破壊する。さらに，多数の観光客が実際に観光地を訪れるようになると，宿泊施設では大量の水が消費されたり，ゴミが大量に廃棄されたりする。すなわち，観光客数の増加にしたがって，地域の自然環境にもそれ相当の負荷がかかるのだ。

　こうした問題は近年，オーバーツーリズムという用語で表現されている。オーバーツーリズムとは，一般的に「ある観光地において，自然環境，経済，社会文化にダメージを与えることなく，また観光客の満足度を下げることなく，1度に訪問できる最大の観光客数」を超過した，観光資源の過剰利用（overuse）とその結果生じる問題事象と理解される（高坂, 2019：100-101）。ただし，ある観光地がオーバーツーリズムの状態にあるかどうかは受け入れる側の認識による。また，受け入れる側の認識も一枚岩ではない。たとえ，実際に自然・生活環境に多大な負荷がかかっていたとしても，観光客の集中が肯定的に捉えられる場合もあるのだ。

　一方，観光開発による文化への影響も忘れてはならない。観光地化が進むことによって，地域文化が観光アトラクションとして商品化されることも多い。もちろん，観光の影響によって地域文化が変容するのは当然であり，それ自体が否定的に理解されるべきではないことは強調しておく。だが，特に発展途上国におけるマスツーリズム開発は，概して多国籍企業や中央政府といった地域社会外部のアクターが開発を主導する傾向がある。そのため地域住民の意向にそぐわない観光開発が行われることもある。

　以上のような，観光開発の弊害についての意識が高まる一方で，1970年代から1980年代にかけて，西欧社会の発展を基準とする近代化論にもとづく開発援助政策が見直されるようになり，観光分野でもマスツーリズムに代わる新しい観光形態が模索されはじめた。こうした流れのなかでオルタナティブ・ツーリズム（Alternative Forms of Tourism）の導入が提唱されはじめたのであった。

1-2　オルタナティブ・ツーリズムと持続可能な観光概念

　オルタナティブ・ツーリズムとは，「自然や社会，地域コミュニティの価値観に適合し，観光を受け入れる社会（ホスト）と観光客（ゲスト）がともに肯定的で価値のあるインタラクションを行い，経験を分かち合うツーリズム」と定義されている（Eadington & Smith, 1992：3）。デュカによれば，オルタナティブ・ツーリズムは以下の四つの要素から構成される（de Kadt, 1992：50-51）。

①大規模開発による負の影響を回避し，環境や生態系にやさしい

②小規模開発，あるいはコミュニティや地元村落が主体的に観光客へのアトラクションを調整する

③搾取的ではなく，観光の利益が地元住民に流れる

④文化の持続可能性を強調し，ホスト社会の文化にダメージを与えない

　マスツーリズムを象徴するパッケージ・ツアーを想像してみよう。パッケージ・ツアーでは，観光客が地域社会の人びとの日常生活にふれたり，両者が社会・文化的な交流を行なったりする機会はほとんど設定されていない。対照的にオルタナティブ・ツーリズムは，小規模での実施を基本とし，ホストとゲストの交流を促進して相互理解を深めることや環境保全をも含めて地域に肯定的な影響を与えることが目指される。

　さて，オルタナティブ・ツーリズムに続いて新しい観光の概念として強調されるようになったものに「持続可能な観光（sustainable tourism）」がある。この概念は国際開発の中心的概念である「持続可能な開発」を，観光分野に応用させたものである。持続可能な開発は，「将来の世代の欲求を満たしつつ，現在の世代の欲求も満足させるような開発」と定義されている。持続可能な開発概念が普及したのは，1987年に「環境と開発に関する世界委員会」によって提出された報告書『Our Common Future（我々の共通の未来）』がきっかけとされる[1]。この報告書のなかで持続可能な開発は，人類が共通して目指すべき発展の方向性として明確に定められ，1992年の地球環境サミット（リオ・サミット）における中心的なテーマとなった。持続可能な開発は環境保全と経済開発の両立をめぐる議論のなかで打ち出された概念であったが，今日では教育，ジェンダーなど幅広い分野においても人類の共通目標として取り入れられている。

　近年では適切な観光開発の状態を示しているという理由から，持続可能な観光が観光開発のスローガンとなるだけではなく，学術用語としても多用されている。ただし，オルタナティブ・ツーリズムは学術的にまったく言及されなくなったというわけではなく，持続可能な観光を実現するための手段となる具体的な観光形態の総称として表現されるようになっている（Salazar, 2017）。それでは，具体的な取り組

---

1) 1972年にストックホルムにおいて国連人間環境会議が開催されるなど，1970年代から先進国において環境保全に対する意識は高まりはじめていた。

みとしてオルタナティブ・ツーリズムの代表格といえるエコツーリズムとコミュニティベースト・ツーリズムをみていくことにしよう。

2 オルタナティブ・ツーリズムをめぐる実践①：エコツーリズム

2-1　エコツーリズムとは

　オルタナティブ・ツーリズムとしてもっとも急速に普及し，観光客に人気の観光形態は，エコツーリズム（ecotourism）だろう。国際的にエコツーリズムを推進している国際エコツーリズム協会（The International Ecotourism Society）は，エコツーリズムを「環境を保全し，地域の人びととの福祉を維持し，説明と教育を含む自然地域への責任ある旅行」と定義している（2015 年に改訂されたもの）。エコツーリズムの誕生は，1970 年代に中南米を訪れたアメリカ人観光客たちが，自然に負荷をかけない（ようにする）ツアーを，生態系（ecosystem）や自然環境（ecology）にそれぞれ共通する「eco」という接頭辞を用いて，「エコツアー」と表現したのがはじまりとされる（海津, 2011b：21-22）。それに主義や体系を意味する「ism」という接尾語が付き，国立公園等の自然地域を対象とした環境を保護しつつ自然を満喫する観光形態はエコツーリズムと呼ばれるようになった。やがて，それはグローバルな環境主義と結びつき，世界的に普及していった[2]。

　一方，日本においてエコツーリズムが観光形態として本格的に実践されはじめるのは，1990 年代後半になってからである。まず民間レベルで 1998 年に日本全国へのエコツーリズムの普及を目指すエコツーリズム推進協議会が設立されたほか，地域レベルでも屋久島や小笠原諸島などでエコツーリズム協会が正式に発足した。2000 年代に入ると今度は，「エコツーリズム推進会議」（2003 年）や「エコツーリズム推進法」（2007 年）の制定など，行政レベルでもエコツーリズムを行うための環境が整えられはじめた。時を同じくして，里山でもエコツーリズムと呼ばれる観光活動が行われるようになり，日本におけるエコツーリズムの範囲は拡大していった（海津, 2011a：14-20）。

　それでは，世界的に流行しているエコツーリズムは，実際どのように取り組まれているのだろうか。以下では，エコツーリズムを先駆的に導入し，今日エコツアー

2）こうした流れのなかで導入された事例として，タイの山地民カレンのコミュニティを対象とした須永和博（2012）の民族誌を参照されたい。

の世界的な目的地となっているコスタリカ共和国（以下コスタリカ）を事例に検討
してみよう。

2-2　事例：コスタリカにおけるエコツーリズム

　コスタリカは，南は太平洋，北はカリブ海に面している中央アメリカの人口500
万人ほどの国であり，面積は九州と四国を合わせたぐらいの大きさである。コスタ
リカは今日，中央アメリカ随一のエコツアー先として知られている。多種多様な動
植物や生態系，そして壮大な手つかずの自然景観を目的に年間100万人以上の外国
人観光客がコスタリカを訪れているとされ，観光は同国最大の外貨獲得手段となっ
ている。

　まず，コスタリカのエコツーリズムの特徴として，以下の2点を挙げておきた
い。1点目は自然保護の過程でエコツーリズムが観光産業として成長したことであ
る。コスタリカでは1970年代から1980年代にかけて国有地の四分の一が保護区化
され，国立公園や自然保護区が整備された（Horton, 2009：95）。国有地の保護区
化は，観光開発目的に行われたものではない。しかし，北米やヨーロッパからの観
光客が豊かな自然を維持する保護区を訪問するようになり，保護区は観光地化して
いった。保護区や国立公園がエコツーリズムの対象となることはコスタリカに限ら
ない。しかし，コスタリカの場合，自然保護が先行したという点が特徴的である。

　2点目は，コスタリカにおけるエコツーリズムは，北米やヨーロッパの自然愛好
家たちの「まなざし」のなかで発展していったことである。1970年代後半にコスタ
リカにおいてエコツアーを専門とする旅行代理店がアメリカ人の手によって最初に
オープンし，1980年代以降も外国人によるエコツーリズム専門旅行代理店の開業が
続いた（Jones & Spadafora, 2016：158-169）。すなわち，コスタリカにおけるエコ
ツーリズムの発展には，外国人が大きな役割をはたしてきたのである。

2-3　人類学のアプローチ：自然の観光資源化をめぐるポリティクス

　上記を踏まえ，文化人類学はどのようにエコツーリズムという現象にアプローチ
することができるだろうか。池田光穂は，コスタリカの事例をもとに文化人類学の
立場からエコツーリズムを分析する視角として①観光のコンテクストにおける自然
の演出，②エコツーリスト文化の生産，③自然資源をめぐるグローバル・ポリティ
クスとしてのエコツーリズムという三つの自然をめぐる論点を提示している（池田，
1996：73-87）[3]。以下ではそれらを詳しくみてみよう。

1) 観光のコンテクストにおける自然の演出

　たとえば，コスタリカのエコツアーでは，エコロッジと呼ばれる自然環境に可能な限り影響を与えないように設計された施設が宿泊先として利用される。エコロッジそのものは人工物であるが，電気を使用しなかったり，ソーラーシステムを採用したりすることで，周辺の自然環境との調和を観光客に印象づけるよう配慮されている（池田, 1996：75）。観光客はそこに「自然」らしさを感じ，環境に配慮した観光に参加しているという意識を強める。つまり，エコツーリズムを自然そのものの観光資源化として理解するのではなく，エコツーリズムのために自然がどのように演出されているのかという点に目を向けることが重要となってくるのだ。ただし，その意味での自然は，必ずしも本来の意味での原生自然ではないことに注意する必要がある。そこでは，人間の価値観や美意識に沿ったものだけが「自然」として尊重されるのだ（cf. 市野澤, 2009：114-117）。

2) エコツーリスト文化の生産

　エコツアーの参加者たちは，「エコツーリスト」としての適正なふるまいを意識し行動する傾向がある。彼らは環境に配慮する代理店のツアーを意識的に選んだり，ツアーの現場では環境保全のための遵守事項に率先して同意したりする。また，他のエコツーリストと交流する際には，これまでのエコツアーの体験を互いに共有しあうだけではなく，地球環境問題まで話題を展開させているという（池田, 1996：80-81）。服装から会話の内容までが象徴資本となり，彼らは共通して自然愛好家であるという自己像を他者に投げかけ，エコツーリストとしてのイメージを自律的に形成させている。すなわち，エコツーリズムに参加することで自然愛好家たちはエコツーリストへと転身し，エコツーリスト特有の文化を形成させている。

3) 自然資源をめぐるグローバル・ポリティクスとしてのエコツーリズム

　コスタリカにおけるエコツーリズムは，環境を破壊してきた先進国の人びとが，失ったものを途上国に求めるという図式のなかで成立してきた。多種多様な動植物が生息するコスタリカの豊かな自然は，今日，観光だけではなく多国籍企業による薬品開発競争の舞台となることで，経済開発のために国家により強力に保護管理される対象となっている（池田, 1996：83）。これが示唆するのは，コスタリカにおけ

---

3) なお，この三つの論点は池田の議論を筆者が若干表現を変えてまとめなおしたものである。

る自然保護のあり様は，アメリカやヨーロッパといった先進国のアクターの動きと切り離して語れなくなっているという現状である。開発を推進する企業か，保全を訴える NGO か，自然資源に対する多様な立場をとるグローバルなアクターのせめぎあいと交渉のなかで，コスタリカにおける自然は今日エコツーリズムの舞台として観光客に提示されているのである。

　人間がどのように自然を認識し，消費するのかを考えるうえで，エコツーリズムは非常に興味深い切り口になる。文化人類学によるエコツーリズム研究が明らかにしていくのは，まさにこうした「自然」なるものをめぐるポリティクスである。

　エコツーリズムは，観光市場のなかで 1990 年代以降もっとも人気を集めるようになった観光形態といわれる。そのため今日，集客目的にエコという看板をつけたツアーはいたるところで行われるようになるなど，エコツーリズムがマスツーリズムに利用され，理念に反して環境破壊に寄与しているという事態も生じている。たとえば，世界自然遺産として 1978 年に登録されたエクアドルのガラパゴス諸島は，エコツーリズムの先進地として知られていた。しかし，世界遺産ブームによってエコツーリズムのマスツーリズム化が加速し，2007 年に危機遺産として登録された（2010 年解除）（吉田, 2004）。

　国際エコツーリズム協会の定義に立ち戻り，観光活動と環境保全の両立を考えると，エコツーリズムはあくまでも小規模で行わなければその理念から乖離していく。その点で経済的利潤を追求する観光事業と環境保全の方向性は，根本的に矛盾している。エコツーリズムを推進していれば，それが自動的に環境保全につながるというわけではない。理念通りにエコツーリズムを実践していくことは，観光が営利ビジネスという性格をもつ限り，非常に難しいのである。

3　オルタナティブ・ツーリズムをめぐる実践②：コミュニティベースト・ツーリズム

3-1　コミュニティベースト・ツーリズムとは

　次に，コミュニティベースト・ツーリズム（community-based tourism: CBT）をみていこう。CBT は，地域のコミュニティが，単純に観光から金銭的恩恵を享受するのではなく，開発計画から運営まで主体的に参加し，事業の権利と義務を保有することを理念とする観光形態である。1990 年代以降，CBT は世界銀行などの国際

機関や世界自然保護基金（WWF）などの国際 NGO によって，貧困削減や住民主体の資源管理を目的に発展途上国を中心に盛んに導入されてきた。

　CBT は，大きくコミュニティベースト・エコツーリズム（community-based ecotourism: CBET）とコミュニティベースト・カルチュラル・ツーリズム（community-based cultural tourism: CBCT）に分類できる。両者は重なる部分が多いが，一般的に CBET は生物多様性といった自然環境の側面に，CBCT は文化の側面に重点を置いている。CBET からみていこう。まず，CBET の特徴として，それが国立公園などの自然保護区において導入されてきた「住民主体型自然資源管理（community-based natural resource management）」と組み合わされて導入される事例が多いという点が挙げられる（Stone & Stone, 2011；Foucat, 2002）。CBET の導入は，経済的インセンティブとなるだけではなく，地域住民に自然資源を（収入源となる）観光資源として捉え直す機会を付与する。CBET は環境保全意識を高め，自然保護区内における農地の拡大や野生生物・植物の乱獲などを防ぐ手段となることが導入側に期待されている。

　一方 CBCT は，昨今国連世界観光機関（UNWTO）やユネスコが推進する，地域の遺産や文化を観光アトラクションとする CBT の一形態である。CBCT の特徴として重要なのは，地域社会への経済的恩恵だけではなく，観光客が地域の生活にふれることによって生まれる観光客と地域住民の間の文化交流がツアーの利点とされていることである。そこでは，ホストとゲストの非対称的な関係（第 2 章）が，対称的な関係へ転換することが目指される。CBCT では，訪問先の地域における暮らしのあり方が観光資源化され，観光客はツアーを通してそれを体験する。ツアーは異文化を地域の人びとから対面的に学ぶ機会ともなる。たとえば，オランダの援助機関によって 1995 年に立ち上げられ，CBCT の先駆けとして知られるタンザニアの「文化観光プログラム」では，地域内の森林や滝といった自然，祈祷師の利用や村の女性の料理といった地域住民の日常生活が観光においてみるべき，あるいは経験すべきものとしてツアーに組み込まれている（Salazar, 2012）。こうした性質を捉えると，CBCT は UNWTO やユネスコが掲げる人道主義というイデオロギーを色濃く反映し，導入されていると理解可能である。とはいえ，単純なモデルをあてはめる考え方では，CBT をめぐる複雑な現実に対応できない。次にこの点について，筆者の調査地であるインドネシアのバリ島を事例に考えていこう。

3-2　インドネシア・バリ島：マスツーリズムとコミュニティベースト・ツーリズム

　バリ島は，今日年間約 500 万人の国際観光客を受け入れるインドネシア随一の観光地として知られている。バリの観光開発はオランダ植民地時代まで遡ることができるが，マスツーリズム開発が本格化し世界的なリゾートとしての地位を確立したのは，スハルト政権（1966 年〜 1998 年）時代のことである。豊かな自然，バリ舞踊やガムラン音楽といった芸能文化を観光資源として，バリ観光はインドネシアにおける国際観光のロールモデルとして発展してきた（山下, 1999）。

　バリにおいて観光開発は経済成長を促している一方，自然環境に大きな負荷をかけてきた。1990 年代頃からは，インドネシア中央政府やジャカルタに拠点をもつ企業が主導して実施される大規模観光開発事業に対し，地域住民による反対運動が散見されはじめた。その背景には，観光開発による環境破壊が，都市部を中心に問題視されるようなったことがある。たとえば，観光施設は大量の水を使用する。一人当たりの観光客が一日に使用する水量は，地域住民の 2 倍もの量といわれ，バリでは乾季（5 月から 10 月）に農業用水が足りなくなるという事態が起きている。さらに近年では，ゴミ問題も国際的に注目され，オランダ植民地時代以来築かれてきた「楽園バリ」というイメージは崩れつつある。こうした流れのなかで，現地 NGO を中心にマスツーリズムに代わる観光——反マスツーリズム——として CBT を推進していこうという動きが活発化している。

3-3　人類学のアプローチ：CBT 開発をめぐる問い

　筆者が調査を行なった環境 NGO は，バリにおいて先駆的に CBT 開発を行なった NGO として知られる（cf. 岩原, 2020）。四つの村落を対象としたそのプログラムは，英語による旅行ガイドブックとして世界シェア一位のロンリープラネットに「本物の」バリを体験できる村落ツアーとして掲載されている。村人がガイドとなるツアーでは，農村における日常生活を見学したり体験できたりする。以下では，筆者の調査結果から，人類学による CBT の捉え方を考えていきたい。ここで取り上げたいのは，①誰が，②誰のために，③どのようにして CBT をローカル化するのかという CBT 開発をめぐる三つの問いである。

　この視点が重要なのは，CBT を地域の人たちによる地域の人たちのための観光と素朴に理解すると，関与するアクターの多様な思惑が絡み合いつつ進む CBT 開発の現実を見逃すことになるからである（コミュニティへの貢献を標榜していても，自身の利益を優先するアクターもいる）。このプロセスに，成功すれば地域社会に

大きな貢献が可能な CBT 開発の難しさがあるのだ。人類学は，こうした部分を捉えていかなければならない。

1）誰が

　まず，CBT を検討する際に忘れてはならないのが，CBT は観光であると同時に開発プロジェクトであるという点である。対象コミュニティは外部のアクター（国際機関，NGO，地域，政府など）の支援を通じて CBT に接していく。この構図を考慮するうえで重要なのは，開発を主導する側には理念や特定のものの見方があり行動していることだ。筆者が調査を行なった NGO は，環境管理とコミュニティのエンパワメントを活動理念として掲げている。ただし，ここでいう環境管理とは，上述のような自然資源管理ではなく，CBT を先んじて導入することで非観光地におけるマスツーリズム開発（による環境破壊）の拡大を防ぐという意味をもっている。開発を主導する主体は，組織固有の活動理念やものの見方を組み込んで CBT 開発プロジェクトをつくっている。CBT 研究というと対象コミュニティに焦点が当てられがちであるが，外部アクターも現場での実践のあり方に大きな影響を与える検討すべき存在なのである。

2）誰のために

　CBT 開発と聞くと，開発対象となったコミュニティが観光の恩恵を享受するために行われていると考えられがちである。それは間違いではないが一面的な理解である。そもそも NGO は活動を継続するためには資金を必要とする。多くの場合，末端の NGO は資金提供を行うドナー組織のプログラム募集に応募することになる。ドナーとなるのは，世界銀行といった国際機関や日本でいう JICA に当たるような各国の開発援助組織，欧米の国際 NGO である。筆者が調査を行なった事例も，元をたどればアメリカ合衆国国際開発庁から資金提供を受け実施されていた。こうして実施されるプログラムの実績は，末端の NGO にとって次の活動資金獲得のための材料となる一方，国際開発機関にとっては彼らの開発方針の正当性を外部に示す源となる。ローカルな現場で起きていることも，決して開発資金をめぐるグローバルなイデオロギーやポリティクスと無関係ではないのである。

3）どのようにして CBT をローカル化するのか

　筆者が調査を行なった NGO は，CBET（コミュニティベースト・エコツーリズ

ム）としてプロジェクトを立ち上げ，バリの農村地域に導入を図ってきた。プロジェクトがCBETと位置づけられている理由は，CBT開発を行うといっても観光用の施設を新たに建設するのではなく，村落の既存の施設等を使うからである。観光客の宿泊は村人の家の空き部屋を利用し，食事は村人の集会所で取ってもらう。マスツーリズムとは対照的な観光実践であるという意味で，「エコ」であるというのだ。それは，観光客にエコツーリズムらしさを印象づける役割も担う。こうした観光開発に対する考え方が，エコツーリズムという表現の基礎となっており，村人も開発の過程で実施されるワークショップやトレーニングを通じてそう説明を受けている。CBT開発は対象コミュニティに開発主体の意向が伝達され，学習される機会となる（Wearing & McDonald, 2002）。CBTは，外部主体と対象コミュニティの相互作用のなかでローカル化されたうえで実践されている。それゆえに，現場での実践から個別的でダイナミックな現象として捉えていかなければならないのだ。

　以上，三つの問いを通した分析から，CBT開発は，外部アクターの思惑が多分に含みこまれながら展開していることを示してきた。CBT開発では，住民の主体性を開発の基礎と位置づけることで，マスツーリズムの弊害を修正することが目指されている。とはいえ，CBT開発において住民の主体性がどのように発揮されるかは，個々の外部アクターの思惑や関与のあり方によって異なってくる。すなわち，CBTと分類されていても，その実践は一様ではなく単純なモデルにあてはめることはできない。たとえば，バリの場合，マスツーリズムと差異化された村落ツアーが「本物の」バリとして観光客に提示されるのは，開発主体によってそういった考え方がコミュニティに伝達されているからである。このようにCBTをローカルな現場のミクロな文脈から捉え，その複雑な現実を紐解いていくことが，人類学によるCBT研究への貢献になるだろう。

4　おわりに

　本章ではマスツーリズムの弊害を削減するために生まれた新しい観光形態の展開を，エコツーリズムとCBTに焦点を絞ってみてきた。オルタナティブ・ツーリズムや持続可能な観光が掲げる理念通り環境や地域社会にポジティブな影響を与えるためには，観光実践を小規模にとどめておくほかはない。しかしながら，国際観光客数は右肩上がりである。経済発展が目まぐるしい中国やインドからはさらに多く

の国際観光客が送り出されていくだろう。そうなると，マスツーリズムの優勢は変化しないばかりか，エコツーリズムがそうであるように，小規模な観光実践はそのなかに吸収されてしまう可能性をもつ。理念通りにエコツーリズムやCBTを実践することは，ミクロレベルでは可能であっても，マクロレベルではさらに困難なものになりかねない。

2020年からの世界的な新型コロナ感染症の流行により，2022年3月現在，国際・国内ともに観光客数は激減している。しかし，何年か経って状況が収束すれば，回復すると思われる。ただし，ポスト・コロナの世界では，大勢が集まり密になる「マス」ツーリズムは避けられ，小規模な観光形態であるオルタナティブ・ツーリズムに光明が見出される可能性がある。こうした可能性を含みこんで，マクロな視点から新しい観光の今後の展開を捉えるために最後に述べておきたいのは，2015年に国連主導で定められた持続可能な開発目標（Sustainable Development Goals: SDGs）による観光分野への影響である。UNWTOが観光分野におけるSDGsを設定するなど，加盟各国では観光政策を通して経済的利潤を追求する産業側の目標達成に向けた企業努力が促されている。観光産業の中核となっている多国籍企業であれば，この動きに表面的であっても同調せざるをえない状況におかれる。こうした国際開発をめぐる動向の影響を受けて，適正な観光実践がどのように規定され，実際に行われているのかを明らかにしてくこと，それが観光人類学の今後の課題であり，よりよい観光実践を探求していくための人類学の貢献になる。

【引用・参考文献】

池田光穂（1996）．「コスタリカのエコ・ツーリズム」青木　保・内堀基光・梶原景昭・小松和彦・清水昭俊・中村伸浩・福井勝義・船曳建夫・山下晋司［編］『移動の民族誌（岩波講座 文化人類学 第7巻）』岩波書店, pp.61–93.

市野澤潤平（2009）．「楽しみとしての〈自然〉保護──インド洋津波後のタイ南部アンダマン海におけるサンゴ修復ボランティア」『文化人類学研究』*10*: 102–131.

岩原紘伊（2020）．『村落エコツーリズムをつくる人びと──バリの観光開発と生活をめぐる民族誌』風響社

海津ゆりえ（2011a）．「エコツーリズムの歴史」真板昭夫・石森秀三・海津ゆりえ［編］『エコツーリズムを学ぶ人のために』世界思想社, pp.14–20.

海津ゆりえ（2011b）．「エコツーリズムとは何か」真板昭夫・石森秀三・海津ゆりえ［編］『エコツーリズムを学ぶ人のために』世界思想社, pp.21–26.

高坂晶子（2019）．「求められる観光公害（オーバーツーリズム）への対応──持続可能な

観光立国に向けて」『JRIレビュー』6(67): 97-123.〈https://www.jri.co.jp/MediaLibrary/file/report/jrireview/pdf/10798.pdf（最終閲覧日：2020年9月14日）〉

須永和博（2012）.『エコツーリズムの民族誌——北タイ山地民カレンの生活世界』春風社

山下晋司（1999）.『バリ観光人類学のレッスン』東京大学出版会

吉田春生（2004）.『エコツーリズムとマス・ツーリズム——現代観光の実像と課題』原書房

de Kadt, E.（1979）. *Tourism: Passport to development?: Perspectives on the social and cultural effects of tourism in developing countries.* London: Oxford University Press.

de Kadt, E.（1992）. Making the alternative tourism sustainable: Lessons from development for tourism. In V. Smith & W. Eadington（eds.）, *Tourism alternatives: Potentials and problems in the development of tourism.* Philadelphia, PA: University of Pennsylvania Press, pp.47–75.

Eadington, W., & Smith, V.（1992）. Introduction: The emergence of alternative forms of tourism. In V. Smith & W. Eadington（eds.）, *Tourism alternatives: Potentials and problems in the development of tourism.* Philadelphia, PA: University of Pennsylvania Press. pp.1–13.

Foucat, V. A.（2002）. Community-based ecotourism management moving towards sustainability, in Ventanilla, Oaxaca, Mexico. *Ocean & Coastal Management, 45*(8): 511–529.

Horton, L. R.（2009）. Buying up nature: Economic and social impacts of Costa Rica's ecotourism boom. *Latin American Perspectives, 36*(3): 93–107.

Jones, G., & Spadafora, A.（2016）. Creating ecotourism in Costa Rica, 1970–2000. *Enterprise & Society, 18*(1): 146–183.

Salazar, N. B.（2012）. Community-based cultural tourism: Issues, threats and opportunities. *Journal of Sustainable Tourism, 20*(1): 9–22.

Salazar, N. B.（2017）. Sustainable Tourism… for Development? *Anthropology News. 58*(4): e187–192.

Stone, S., & Stone, T.（2011）. Community-based tourism enterprises: Challenges and prospects for community participation: Khama Rhino Sanctuary Trust, Botswana. *Journal of Sustainable Tourism, 19*(1): 97–114.

Wearing, S., & McDonald, M.（2002）. The development of community-based tourism: Re-thinking the relationship between tour operators and development agents as intermediaries in rural and isolated area communities. *Journal of Sustainable Tourism, 10*(3): 191–206.

事項索引

人名索引

執筆者紹介（*は編者）

市野澤 潤平（イチノサワ ジュンペイ）
宮城学院女子大学 現代ビジネス学部 教授
担当：序章・コラム①・③・④・⑤

小野 真由美（オノ マユミ）
立命館大学文学部地域研究学域地域観光学専攻
准教授
担当：第1章

吉田 竹也（ヨシダ タケヤ）
南山大学 人文学部 教授
担当：第2章

川崎 和也（カワサキ カズヤ）
静岡大学 グローバル共創科学部 講師
担当：第3章

奈良 雅史（ナラ マサシ）
国立民族学博物館 超域フィールド科学研究部
准教授
担当：第4章

福井 栄二郎（フクイ エイジロウ）
島根大学 法文学部 准教授
担当：第5章

須永 和博（スナガ カズヒロ）
獨協大学 外国語学部 教授
担当：第6章

門田 岳久（カドタ タケヒサ）
立教大学 観光学部 交流文化学科 准教授
担当：第7章

土井 清美（ドイ キヨミ）
中央学院大学 現代教養学部 准教授
担当：第8章

古川 不可知（フルカワ フカチ）
九州大学 大学院比較社会文化研究院 講師
担当：コラム②

八巻 惠子（ヤマキ ケイコ）
就実大学 経営学部 教授
担当：第9章

渡部 瑞希（ワタナベ ミズキ）
帝京大学 経済学部 観光経営学科 講師
担当：第10章

田中 孝枝（タナカ タカエ）
多摩大学 グローバルスタディーズ学部 准教授
担当：第11章

岩原 紘伊（イワハラ ヒロイ）
聖心女子大学 現代教養学部 専任講師
担当：第12章

基本概念から学ぶ観光人類学

2022 年 4 月 30 日　　初版第 1 刷発行
2024 年 3 月 30 日　　初版第 2 刷発行

編著者　市野澤潤平
発行者　中西　良
発行所　株式会社ナカニシヤ出版
〒606-8161　京都市左京区一乗寺木ノ本町 15 番地
　　　　　　　　　Telephone　　075-723-0111
　　　　　　　　　Facsimile　　075-723-0095
　　　　Website　http://www.nakanishiya.co.jp/
　　　　Email　　iihon-ippai@nakanishiya.co.jp
　　　　　　　　郵便振替　01030-0-13128

印刷・製本＝ファインワークス／装幀＝白沢　正